성찬예배 주해

Ἁγίου Νικολάου Καβάσιλα
Ἑρμηνεία τῆς Θείας Λειτουργίας (PG 150:368-492)

Korean Translation Copyright ⓒ2023 Korean Orthodox Editions
All rights reserved

성찬예배 주해

초판1쇄 인쇄 2023년 11월 13일
초판1쇄 발행 2023년 11월 13일

지 은 이 성 니콜라스 카바실라스
옮 긴 이 예레미야 조경진 신부, 요한 박용범
엮 은 이 엘레니 조혜원
펴 낸 이 암브로시오스 조성암 대주교
펴 낸 곳 정교회출판사
출판등록 제313-2010-5호

주   소 서울시 마포구 마포대로 18길 43
전   화 02)364-7020
팩   스 02)6354-0092
홈페이지 www.philokalia.co.kr
e-mail   orthodoxeditions@gmail.com

ISBN 978-89-92941-68-6 03230
값 15,000원

ⓒ정교회출판사

이 책의 저작권은 정교회출판사에 있습니다.
저작권법에 의해 한국 내에서 보호를 받는 저작물이므로 무단 전재 및 무단 복제를 금합니다.

The publication of this book was made possible through the generous donation of the faithful members of the Holy Apostles Orthodox Church(Westchester, IL., U.S.A.).

성 니콜라스 카바실라스

성찬예배 주해

예레미야 조경진 신부, 요한 박용범 옮김

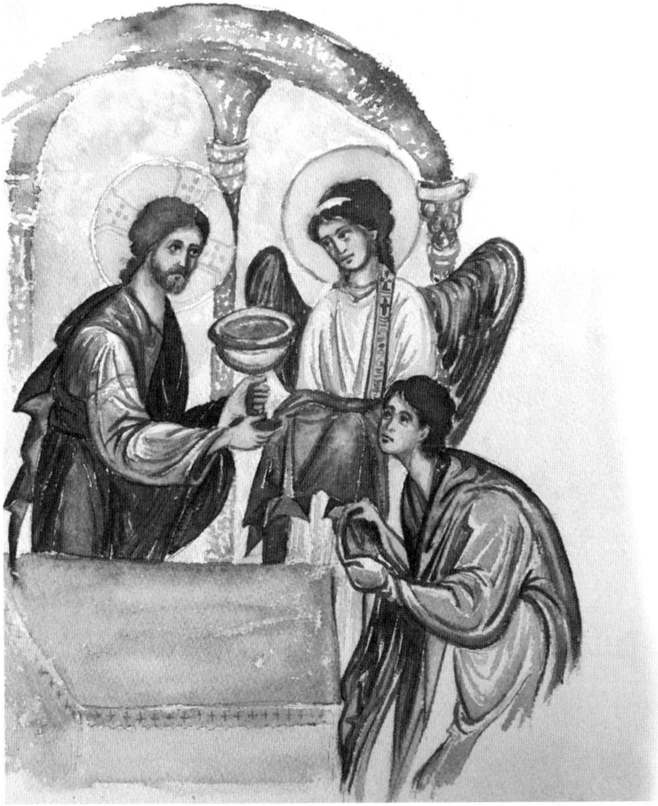

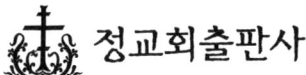

머리말

15년 전 한국 정교회의 '정교회출판사'에서 14세기의 위대한 신학자이자 전례 생활과 영성 생활의 최고 사상가인 성 니콜라스 카바실라스의 『그리스도 안의 삶』을 출판한 이래, 성인의 다른 고전 『성찬예배 주해』를 한국 독자들에게 소개하게 되어 영적으로 큰 기쁨을 느낍니다. 성인이 이 두 작품을 저술한 것은 생애 말년 가장 완숙했던 때로, 두 작품은 그리스도교 저작 중 가장 중요한 작품들에 속합니다.

『성찬예배 주해』는 처음 저술된 이래 오늘날까지 그리스어로 수차례 거듭하여 출간될 만큼 이 책을 읽으려는 바람과 요구가 시대를 막론하고 지대했습니다. 또한 여러 언어로 번역되어, 예배학자, 신학자들뿐만 아니라 예배와 영적인 주제에 관심이 있는 성직자와 평신도들도 참고자료로 수없이 많이 활용해왔습니다.

이 책의 중요성은 성찬예배 거행을 단계별로 체계적으로 설명하는 점, 특히 예배를 이루는 각 부분의 상징을 놀라운 신학적 방식으로 해설하는 점입니다. 그리하여 독자는 교회의 가장 큰 신비인 성찬예배의 각 부분을 더 본질적이고 깊이 있게 이해할 수 있습니다.

사람은 세례성사를 통해 그리스도 안에서 다시 태어나고, '성사 중의 성사(Μυστήριο των Μυστηρίων)'인 성체성혈 성사에 참여함으로써 그리스도의 지극히 거룩한 몸과 고귀한 피로 양육되어 죄 사함과 영원한 생명을 얻게 됩니다.

이 책을 읽는 모든 분들이 영적인 도움을 얻길 바랍니다. 정교인 신자라면 성체성혈 성사에 더욱 깨어있는 마음으로 참여할 수 있게 되기를, 정교인 신자가 아니라면 2천 년 동안 지상 교회에서 계속해서 거행되고 있는 정교회의 '최후의 만찬'에 참여하고자 하는 열망을 갖게 되기를 기원하고 기도합니다.

2023년 6월 20일
니콜라스 카바실라스 성인의 축일에
정교회 한국 대교구
†암브로시오스 조성암 대주교

†조성암 대주교

차 례

- 머리말 4

1. 성찬예배의 의미는 무엇인가? … 11
2. 왜 봉헌물을 처음부터 제단 위에 놓지 않는가? … 21
3. 인간 삶의 첫 열매로서 이 선물들을 하느님께 봉헌한다. … 23
4. 왜 인간 삶의 첫 열매를 선물로 바쳐야 하는가? … 25
5. 왜 빵 전부가 아니라 그저 한 부분만을 바치는가? … 27
6. 왜 사제는 빵에 그리스도의 수난을 상징하는 표시를 내는가? … 29
7. 주님을 '기념'한다는 것은 무엇인가? … 32
8. 빵에 대해 행하는 의식 … 35
9. 왜 주님은 우리에게 당신을 기념하면서 이것을 행하라고 명령하셨는가? … 37
10. 기념 후에 예비제단에서 이루어지는 말들에 대하여, 그리고 선물의 봉헌은 감사와 간청을 위함이라는 것에 대하여 … 39
11. 선물을 덮는 이유와 이 의식 때 하는 말들에 대하여 … 44
12-1. 성찬예배 시작 때 하느님께 드리는 영광 … 46
12-2. 청원에 대하여. 무슨 이유로 제일 먼저 평화를 청원하는가? … 49
13. 각 청원 뒤에 하느님의 자비를 구하는 것은 무슨 의미인가? … 55
14. 우리 자신과 서로를 하느님께 맡기는 것에 대하여 … 59
15. 안티폰(응송(應頌))과 그에 따르는 기도들에 대하여 … 62

16. 성찬예배의 의미 … 66
17. 첫 번째 안티폰에 대한 해석 … 70
18. 두 번째 안티폰. 성찬예배 시작 때 불리는 예언의 말씀은 무엇을 의미하는가? … 74
19. 세 번째 안티폰에 대한 해석 … 78
20. 복음경의 출현과 삼성송에 대하여 … 81
21. 삼성송에 따르는 기도와 거룩한 외침 "주의 깊게 들읍시다. 지혜로우니, 일어설지어다."에 대하여 … 84
22. 성서 봉독, 그것의 순서와 의미에 대하여 … 88
23. 복음경 봉독 후에 드리는 청원들에 대하여 … 91
24. 거룩한 선물을 본 제단으로 옮기는 것에 대하여 … 95
25. 대입당 후 사제가 교인들을 위해 드리는 기도와 권면에 대하여 … 97
26. 신앙 고백과 교인들을 향한 사제의 권면, 그리고 교인들의 응답 … 99
27. 선물 축성과 그에 앞선 감사 … 103
28. 이 신비에 대한 믿음의 확신은 어디서 기인하는가? … 106
29. 일부 로마 가톨릭 교인들이 우리에게 한 비판과 그에 대한 반박, 그리고 이 문제에 대한 해법 … 109

30. 로마 가톨릭교회에서도 거룩한 선물의 축성 예식이 우리와 같은 방식으로 이루어진다는 것에 대하여 … 118
31. 사제는 선물을 축성할 때 왜 아들이 아닌 아버지께 간청하는가? … 124
32. 희생 그 자체와 희생되는 것에 대하여 … 126
33. 희생 뒤에 따르는 기도들, 그리고 사제가 성인들과 특별히 지극히 거룩하신 성모님을 기념하는 이유 … 130
34. 사제가 자기 자신을 위해 요청하는 것에 대하여, 그리고 교인들에게 기도하도록 촉구하는 것에 대하여 … 134
35. 주기도문과 머리 숙임, 그 이후에 하느님께 드리는 감사, 기도, 찬양에 대하여 … 139
36. 사제가 거룩한 선물을 들어 올리며 큰 소리로 말하는 것과 그에 대한 신자들의 응답 … 141
37. 성사에서 뜨거운 물을 붓는 것의 의미 … 145
38. 거룩한 신비는 어떤 방법으로 교회를 표현하는가? … 148
39. 성체성혈로 교인들을 초대하는 것과 교인들이 선물 앞에서 말하는 것에 대하여 … 150
40. 성체성혈을 받아 모신 교인들을 위한 사제의 기도에 대하여 … 152
41. 이어지는 감사와 영광에 대하여 … 155

42. 돌아가신 교인들도 살아있는 이들처럼 거룩한 선물로부터 성화되는가? … 157
43. 축성은 먼저 성체와 성혈을 받는 사람의 영혼 속에서 이루어진다. … 162
44. 그리스도의 중재 … 166
45. 축성은 죽은 자들에게 더 완전하게 이루어진다. … 169
46. 어떻게 하느님께서는 거룩한 봉헌물을 항상 받으시는가? … 171
47. 거룩한 선물이 받아들여지는 척도 … 176
48. 왜 우리는 거룩한 선물로써 성인들을 칭송하고 그들에게 존경을 표하는가? … 179
49. 성찬예배에서 사제가 성인들을 기념하는 것이 그들을 위해서 하느님께 간구하는 것이라고 주장하는 이들에 대한 반박 … 183
50. 성찬예배에서 성인들에 대한 기념은 몇 번 행해지고 그 기념의 차이는 무엇인가? … 196
51. 왜 사제는 희생 제사를 '이성적 예배'라고 부르는가? … 199
52. 왜 이 예배를 '감사의 성사'라고 부르는가? … 200
53. 성체성혈을 받아 모신 후의 감사 기도와 예배 마침 기도 … 205

■ 일러두기
본문의 주는 모두 정교회출판사 편집부의 것입니다.

1. 성찬예배의 의미는 무엇인가?

1. 성찬예배 안에서 이루어지는 다양한 축성 행위 중 가장 핵심이 되는 부분은 봉헌된 빵과 포도주가 그리스도의 몸과 피로 변하는 것이다. 그 목적은 신자들의 성화(聖化)인데, 그들은 이런 신비를 통하여 죄를 사함 받고 하늘나라를 상속받고 또 그와 유사한 영적 보화들을 받게 된다.

2. 이런 목적을 위한 준비와 도움으로서 기도, 시편 봉독, 성서 봉독이 있다. 또 일반적으로 봉헌물의 축성 전후에 말하고 행해지는 모든 거룩한 의식과 표현들이 바로 이 목적을 위해 이루어진다. 하느님께서는 우리가 당신께 드린 것이 하나도 없음에도 불구하고 우리에게 온갖 거룩한 것을 선물로 주시니, 그 모든 것은 그분의 절대적인 은총임이 분명하다. 그러나 우리가 이 모든 것을 받아 간직하기에 합당한 자가 되도록 요구하시며, 만약 우리가 그런 준비가 되어 있지 않을 때는 우리를 성화의 참여자로 허락하지 않으신다. 우리가 그런 준비를 하고 있다면, 우리를 세례 때, 견진 때 받아 들여주시고, 성체성혈 때도 받아 들여주시어 '거룩한 식탁'의 참

여자가 되게 하신다.

3. 그리스도께서는 씨 뿌리는 자의 비유에서 "씨 뿌리는 사람이 씨를 뿌리러 나갔다."(마태오 13:3)라는 말씀으로 이러한 방법을 보여주셨다. 땅을 경작하러 나간 것이 아니라 씨를 뿌리러 나갔다는 것은 우리가 먼저 모든 준비가 되어 있어야만 함을 보여주는 것이다.

4. 이처럼 우리가 거룩한 성사에 참여하기 위해서는 우리 스스로가 적절한 준비를 해야 했고, 이러한 준비는 거룩한 예배의 순서 안에 포함되어야 했다. 그렇게 준비 과정은 실제로 예배 안에 포함되었다. 성찬예배 속에 포함된 기도, 시편, 모든 거룩한 의식과 표현들은 실로 우리에게 이런 준비를 가능하게 해준다. 바로 이러한 것들이 우리를 거룩하게 하고 준비시켜서, 한편으로는 우리가 성화를 올바르게 받아들일 수 있게 해주고, 또 한편으로는 우리가 그 성화를 잘 간직하여 성화의 소유자로 남도록 하는 것이다.

5. 위의 것들은 두 가지 방법을 통해 우리에게 거룩함을 준다. 하나는 기도와 시편과 성서 봉독을 통해 우리가 거룩함을 얻는 것이다. 기도는 우리가 하느님께 향하도록 하고, 우리에게 죄 사함을 가져다준다. 시편은 우리가 하느님을 자애롭고 인정 많은 분으로 느끼게 하고, 그분의 자비가 우리에게 내려오게 한다. 시편은 이렇게 증언한다. "찬양의 제사를 하느님께 바쳐라 … 나는 너를 구해줄 것이며 너는 나에게 영광을 돌릴 것이다."(시편 50:14-15 참

조) 성서 봉독에 대해서 말하자면, 이것은 우선 하느님의 선하심과 인간에 대한 그분의 사랑을 선포하는 것이다. 그러나 또한 그분의 정의와 심판이 엄하다는 것을 선포하는 것이기도 하다. 그래서 성서 봉독은 우리 영혼 속에 하느님에 대한 경외심을 심어주고, 그분에 대한 사랑의 불을 지펴주고, 그분의 계명을 지키고자 하는 큰 열망이 우리 마음속에 생기도록 한다. 사제와 신자들의 영혼을 더 선하고 거룩하게 해주는 이런 모든 것들은 그들이 성찬예배의 목표이기도 한, 거룩한 선물을 받아들이고 간직하는 일에 합당한 자들이 되도록 해준다. 특히 이 모든 것들은 사제가 희생 제사를 거행하기에 합당한 자가 되도록 해준다. 이 희생은 이미 말한 대로 신비의 성사를 거행하는 데 없어서는 안 되는 요소이다. 우리는 기도의 많은 부분에서 이 사실을 확인할 수 있다. 사제는 자신이 성찬예배를 온전히 드리기에 합당한 자가 될 수 있도록 간구하고, 깨끗한 손, 깨끗한 영혼, 깨끗한 혀로 신비의 성사를 섬길 수 있게 해달라고 간청한다. 이렇게 우리는 예배 속에서 드려지는 말과 노래로 불리는 성가 가사의 도움을 받으며 성찬예배에 참여한다.

6. 또 다른 하나의 방법이 있다. 이것은 우리가 성스러운 예배 속에서 거행되는 모든 것을 통해 거룩해지는 것이다. 이 방법이란, 성찬예배에서 이루어지는 모든 것들 속에서, 그리스도의 삶의 재현, 그리스도께서 우리를 위해 행하신 사역, 그리스도의 거룩한 수난을 보는 것이다. 시편과 성서 봉독 속에서, 또 성찬예배 내내 사제가 거행하는 모든 행위 속에서 구세주께서 인간 구원을 위해

계획하시고 행하신 모든 일들이 드러나기 때문이다. 성찬예배의 첫 부분은 그리스도의 사역의 초반부를 보여준다. 두 번째 부분은 이 일의 계속을, 그리고 마지막 부분은 이 일의 그 다음을 표현한다. 그러므로 이 예배에 참여하는 이들은 자신들의 눈으로 주님의 이 모든 사역과 수난을 볼 수 있다. 왜냐하면 빵과 포도주의 축성 그 자체는 곧 십자가 희생으로서 "주님의 죽으심"(고린토 전 11:26), 주님의 부활, 그리고 주님의 승천을 선포하기 때문이다. 또 거룩한 선물의 축성은 그 선물을, 수난을 겪고, 십자가에 못 박히시고, 부활하시어 하늘로 승천하신 주님의 몸으로 변화시키기 때문이다. 거룩한 선물의 축성에 앞서 여러 의식, 시편, 성서 봉독 등이 선행되는데, 이러한 것들은 주님의 죽음에 앞서 일어났던 사건들, 즉 세상에 오신 일, 처음으로 당신을 드러내신 일, 그리고 완전히 당신 자신을 드러내신 일을 상징한다. 거룩한 선물의 축성 이후에 우리가 듣게 되는 것은 "아버지의 약속"(루가 24:49, 사도행전 1:4 참조)을 상징한다. 곧, 구세주께서 말씀하셨던 대로, 성령이 사도들에게 내리신 일, 이방인들이 사도들을 통해 하느님께로 돌아온 일, 그리고 그리스도인 공동체 설립을 상징한다.

7. 전체 성찬예배는, 마치 인간의 신체 부위가 서로 조화롭게 움직이는 것처럼, 구세주의 삶과 사역의 여러 부분이 조화를 이루며 재현되는 것이다. 성찬예배는 처음부터 끝까지 질서와 조화 속에서 이 삶의 다양한 모습을 우리 앞에 내어 보인다.

8. 그래서 성찬예배를 시작할 때 부르는 시편들과 그 시작 전에 예비제단에서 거룩한 선물을 준비하는 예식 때 읽고 행하는 모든 것들은 그리스도의 구원 계획의 첫 번째 시기를 상징한다. 시편 구절 이후에 이어지는 것들, 즉 성서 봉독과 그 밖의 것들은 그 다음 시기를 상징한다.

9. 성서 봉독과 시편을 통해서 다른 유익을 얻는다 해도, 즉 우리가 덕(德)을 더 갖추게 되어서 하느님께서 우리를 더 너그럽게 보시게 된다 해도, 그것은 성찬예배 때 행해지는 것들이 그리스도의 구원 계획을 상징해주는 유익을 방해하지 않는다. 의복의 경우를 들어보면, 옷은 몸을 보호하고 덮어주는 기능을 하면서도 때때로 그 모양새를 통해 옷을 입고 있는 이의 직업이나 신분, 품위 등을 드러내는데, 성찬예배에서도 마찬가지이다. 거룩한 영감으로 쓰인 말씀과 하느님에 대한 찬양을 담고 있는 성서는 그 말씀을 읽거나 성가로 부르는 이들을 덕으로 이끌어주고 거룩하게 해준다. 그러나 성서와 시편이 선택되고 배치된 방법을 통해, 그리스도의 오심과 그분의 삶을 보여줄 수 있는 자질과 특성도 가지게 된다. 성가와 성서 봉독뿐 아니라 예배의 여러 행위들도 이런 특징을 가지고 있다. 그런 각각의 것들은 자신의 직접적인 목적과 쓰임새를 갖고 있다. 그러나 동시에 그리스도의 여러 가지 사역들, 곧 그분의 행적이나 수난 등을 상징하기도 한다. 이를테면, 우리는 복음경을 제단으로 가져오고 난 후에 거룩한 선물을 제단으로 가져온다. 각각의 행위에는 목적이 있는데, 복음경은 복음 말씀을 봉독하기 위

해서이고, 거룩한 선물은 희생 제사를 드리기 위해서이다. 이 두 가지는 모두 구세주께서 나타나심을 상징한다. 복음경은 그리스도의 생애 초기에 있었던 희미하고 불완전한 나타나심을, 희생 제사는 완전하고 가장 위대한 나타나심을 상징한다. 어떤 실용적인 목적 없이 그저 상징적인 뜻만을 지닌 의식도 있는데, 이를테면 성체를 찌르거나 그 위에 십자 성호를 긋는 동작, 성체를 찌를 때 쓰이는 금속 기구가 창 모양으로 생긴 사실 등이 그러하다. 또한 이미 축성된 선물 안에 따뜻한 물을 붓는 행위도 그러하다.

10. 우리는 다른 성사에서도 이와 유사한 경우를 찾아볼 수 있다. 이를테면 세례성사 때, 세례 준비자는 겉옷과 신발을 벗고, 서쪽을 향하여 손을 뻗고 숨을 내쉬고 침을 뱉는다. 이런 의식은 우리가 악마를 얼마나 미워해야 하는지, 그리스도인이 되고자 하는 사람이라면 악마로부터 얼마나 멀어져야 하는지를 가르쳐준다. 성사들에 이런 종류의 또 다른 의식이 있다면 그것도 이와 비슷한 의미를 갖는다.

11. 그런데 성찬예배에서 이뤄지는 것들은 모두 구세주의 구속 사역과 관련이 있다. 그것의 목적은 우리 앞에 하느님의 계획을 펼쳐 보여서 그것을 관상하는[1] 우리의 영혼을 성화시키고, 그럼으로써 우리가 거룩한 선물을 받기에 적합한 자가 되도록 하는 것이다.

---

1. '관상(觀想)'은 카바실라스가 자주 사용하는 교회적 용어로, 누군가가 예배 때 거행되고 있는 것을 단순히 바라보는 데 머물지 않고, 예배의 영적 의미로 깊이 들어가는 것을 뜻한다.

누군가 그리스도가 세상에 오셨을 때 인류를 회복시키셨던 것을 생각하며 구세주의 구속 사역을 통시적으로 영원의 관점에서 바라본다면 그 사람의 영혼은 더욱 진보하고 거룩해진다. 만약 사람들이 그것을 관상하지 않고 믿지 않았다면, 그리스도의 모든 구원 계획과 구속 사역은 그들에게 어떠한 이로움도 주지 못했을 것이다. 그래서 하느님께서는 수많은 방법을 활용하시면서 사람들이 믿도록 구원 계획에 대해 설교하시고 선포하신 것이다. 하느님이 오셨어도 이 구원 계획이 알려지지 않았다면 인간에게는 아무런 유익도 없었을 것이고 인간의 구원은 요원했을 것이기 때문이다. 하느님의 구원 계획이 알려지고 선포되면서, 하느님을 경외할 줄 모르던 이들의 영혼에 그분에 대한 믿음과 사랑이 자라났다. 하지만 지금은 그 구원의 계획을 믿음과 열망으로 대하는 그리스도인의 마음속에 더 이상 그런 고상한 감정을 심어주는 것이 아니라, 이미 내면에 있는 그것들을 유지하고 새롭게 하고 발전시켜 나가게 하여, 신자들이 더욱 충실하고 굳건한 믿음을 갖고, 더욱 열렬한 경건함과 사랑을 가질 수 있도록 해준다. 하느님께서는 아무것도 없는 곳에 이런 마음을 심어서 자라게 하셨으니, 이제 그 마음을 보존시키고 유지하고 새롭게 하시는 것은 훨씬 쉬운 일일 것이다. 그러므로 우리는 경건한 믿음, 큰 열정, 하느님께 향하는 열렬함의 자세로 거룩한 성사에 다가가야 한다. 이런 마음 없이 성사를 바라본다면 그것만으로도 불경이고 모욕이 될 것이다.

12. 우리가 이런 식으로 바라본다면, 이는 우리 마음속에 깊게

새겨질 수 있다. 그래서 이 모든 것이 성찬예배의 순서 속에서 표현되고 표상되어야 했던 것이다. 우리는 "부요하셨지만 우리를 위하여 가난"(고린토 후 8:9 참조)해지신 분의 그 가난을, 천상에 계시며 모든 것을 손에 쥐고 계시면서도 지상으로 내려오신 분의 지극한 겸손을, 절대적으로 그 어떤 것에도 영향을 받을 수 없는 분이 받으신 조롱과 수난과 고통을 머리로만 생각하는 것이 아니라 우리의 눈으로 직접 보는 것이 필요했다. 그분께서는 얼마나 많은 미움을 당하셨으며 얼마나 많이 우리를 사랑하셨는가? 우리 앞에 이 거룩한 제단을 마련해주시려고 생전에 얼마나 많은 고통과 학대를 겪으셨으며 얼마나 끔찍한 죽음을 당하셨는가! 따라서 우리는 이 놀라우며 감히 바라지도 못했던 구원에 경탄하며 하느님의 끝없는 자비에 놀라움을 금치 못한다. 그래서 우리에게 자비를 베풀어 주신 그분, 당신의 십자가 죽음으로 우리를 구원하신 그분을 겸손하게 공경하며 우리의 영혼을 그분께 맡기고 우리의 생명을 그분께 바치며 우리의 영혼을 그분 사랑의 불꽃으로 불태운다. 우리에게 이러한 마음의 준비가 되어 있다면 그때 우리는 안전하고 친밀하게, 놀라운 성사의 불꽃에 나가살 수 있을 것이다.

13. 사실 이러한 마음의 상태를 성취하기 위해서는 그리스도와 관련된 것을 단 한 번 배워서 그 기억을 간직하는 것으로는 충분하지 않고, 마음의 눈으로 신성의 진리(성찬예배)를 응시하며 그 진리를 관상해야 한다. 즉, 진정 우리의 영혼이 거룩해지기에 합당케 하고 싶다면, 우리는 마음속에 있는 다른 모든 생각들을 몰아내고

나서 온정신을 다해 그 진리를 생각하고 깊이 주시해야 한다. 누군가 얼마나 깊은 경건함을 가져야 하는지 의문을 가져서, 이에 대해 올바른 답변을 주고자 한다면, 우리는 우리 생각이 계속 성찬예배에 집중되어 있고 다른 곳에 가 있지 않은 그런 경건함이라고 대답할 것이다. 그렇지 않은 경건함은 진정하고 깊은 경건함이 아니라 그저 단순하고 형식적인 것이어서 어떤 유익도 주지 못하기 때문이다. 경건에 대한 단순한 지식은 그 자체만으로는 성찬예배의 의미 깊은 관상에서 나오는 거룩한 마음가짐 중 그 어떤 것도 우리 마음속에 새기지 못한다. 그래서 우리 마음의 상태는 그 시간에 우리를 지배하고 있는 생각에 따라 달라지고, 우리가 느끼는 감정들도 우리의 생각에 따라 달라지게 된다.

14. 앞에서 왜 상징을 활용해 표현했는지 그 이유가 여기서 드러난다. 상징은 말로만 성사를 드러내는 것에 한정하지 않고 도리어 예배 전체를 통해서 스스로를 완전히 우리 눈앞에 드러낸다. 이 모든 것을 우리 앞에 펼치는 목적은 그것으로 말미암아 더 쉽게 우리 영혼에 영향을 미치기 위함이다. 그것은 그저 우리에게 하나의 단순한 장면을 보여 주기 위함이 아니라, 우리 안에 어떤 느낌을 창조해주기 위함이다. 우리가 어떤 생각을 시각적 움직임을 통해 볼 수 있다면, 그 생각은 우리에게 더 깊은 인상을 남기게 되기 때문이다. 이것은 성찬예배 전반에 걸쳐 나타나는데, 그것은 우리가 거룩한 제단 앞으로 나아갈 때까지 그런 생각이 잊히지 않도록, 또 어떤 다른 것으로 인해 우리 생각이 어수선해지지 않도록 하기 위

함이다. 이런 생각들과 기억들이 생생하게 가득 찬 상태에서 우리는 성체성혈을 받아 모신다. 이런 식으로 성화에 성화를 더하면서, 즉 이론을 통한 성화에 예배를 통한 성화를 더하면서 "우리는 영광스러운 상태에서 더욱 영광스러운 상태로 변모"(고린토 후 3:18 참조) 해간다. 즉, 가장 낮은 영광에서 영광 가운데 가장 높은 영광으로 나아간다.

15. 간단히 말하자면 이것이 성찬예배의 전체적인 의미이다. 이제 그것을 더 면밀하게, 그리고 가능한 한 낱낱이 살펴보게 될 것이다. 먼저 준비기도, 영적인 말들, 성가, 성서 봉독에 대해, 다음으로는 가장 성스럽고 거룩한 행위인 희생 제사에 대해, 마지막으로 희생 제사를 통해 산 신자들과 죽은 신자들의 영혼이 거룩하게 되는 성화에 대해 살펴볼 것이다. 하느님께 드리는 사제와 신자들의 성가와 기도에 대해서도 특별한 설명이 필요하다면 이런 맥락 속에서 살펴볼 것이다. 그러나 무엇보다도 앞서, 전체 예배 속에 상징적으로 드러나는 구세주의 인간 구원 계획에 대해 살펴볼 것이다. 다시 말해, 우리는 하느님의 구원 계획의 어떤 측면이 성찬예배의 어떤 부분을 통해 어떻게 표현되는지 알아가게 될 것이다.

2. 왜 봉헌물을 처음부터 제단 위에 놓지 않는가?

1. 먼저 예비제단에서 말하고 행해지는 것, 우선 선물을 바치는 것과 그 봉헌에 대한 의식을 살펴보기로 하자.

2. 왜 빵과 포도주는 곧바로 제단으로 옮겨져서 희생 제물이 되지 않고 먼저 하느님께 선물로서 봉헌되는가?

3. 그것은 구약 시대에 율법에 따라, 죽인 짐승이나 그 피를 제물로 하느님께 바치거나 금 그릇이나 은 그릇 같은 것을 가져와 선물로 하느님께 바쳤기 때문이다.

4. 그리스도의 몸은 희생 제물과 선물, 이 두 가지 모두로서 받아들여질 수 있었다. 왜냐하면 그리스도께서는 하느님 아버지의 영광을 위해 희생되셨을 그때 희생 제물이 되셨기 때문이다. 또한 애초부터 하느님께 바쳐져 있었던 그 몸은 하느님께 매우 귀중한 선물이었기 때문이다. 그리스도의 몸은 인류의 첫 열매이자 가장 좋은 열매로서 취해졌고, 그리스도께서는 율법에 따른 맏아들이셨

기에 하느님께 바쳐질 수 있었다.

5. 이런 이유로 인해 봉헌된 선물, 즉 주님의 몸을 상징하는 빵과 포도주는 시작하자마자 제단으로 옮겨져 희생되지 않는다. 봉헌물은 먼저 하느님께 귀한 선물로 바쳐진다. 이는 실제로 귀한 선물이고 또 그렇게 불린다. 희생은 그 뒤에 이루어진다.

6. 그리스도께서도 그렇게 하셨다. 당신의 손에 빵과 포도주를 들고 하느님 아버지께 선물처럼 그것들을 바치셨다. 그렇다면 이 사실을 어디서 알 수 있을까? 교회가 그것을 똑같이 행하며 그것을 선물이라고 부르는 것에서 알 수 있다. 그리스도께서 행하신 것을 교회가 알지 못했다면 교회는 그렇게 하지 않았을 것이다. 교회는 "나를 기념하여 이 예식을 행하여라."(루가 22:19, 고린토 전 11:24-25)라는 명령을 들었다. 그리스도께서 하지 않으셨다면 교회도 그것을 하지 않았을 것이다.

3. 인간 삶의 첫 열매로서 이 선물들을 하느님께 봉헌한다.

1. 선물은 어떤 모습으로 제정되어야 하는가?

2. 옛날 사람들은 자신들의 농작물과 양, 또는 소, 여타 물건 가운데서 첫 열매를 바쳤다. 우리는 우리의 육체적 삶을 받쳐주는 인간의 기본양식인 '빵'과 '포도주'를 하느님께 우리 삶의 첫 열매로서 바친다. 특별히 우리 삶은 먹거리에 의해서 유지되기만 하는 것이 아니라 그것으로 상징되기도 한다. 사도들은 그리스도께서 부활하신 후, 살아계신 그리스도를 참으로 보았다는 것을 증명하기 위해 "그분이 죽었다가 다시 살아나신 뒤에 우리는 그분과 함께 먹기도 하고 마시기도 하였습니다."(사도행전 10:41)라고 말했다. 또 주님께서는 회당장의 딸을 살리신 후 "아이에게 먹을 것을 주어라."(루가 8:55)라고 명하셨는데 이는 바로 먹거리로 말미암아 생명의 현존을 증명하기 위함이었다. 그러므로 사람이 기본양식을 선물로 바치는 것은 자기 삶의 가장 중요하고 본질적인 부분을 바치는 것이라 할 수 있다.

3. 그렇다면 옛사람들이 하느님께 바친 거의 모든 것이 인간의 먹거리로 적절한 것이었는가 하는 의문이 들 수 있다. 옛날에는 농부가 수고하여 얻은 열매나 식용 가능한 동물 따위를 바쳤기 때문이다. 그렇다면 이 모든 것들이 과연 인간 삶의 본질적인 부분이었는가?

4. 결코 그렇지 않다. 그중 어떤 먹거리는 인간의 양식만이 아니라 다른 동물의 양식이 되기도 했기 때문이다. 즉, 어떤 것들은 새들의 양식이었고 또 어떤 것들은 초식동물의 양식이었으며 어떤 것들은 육식동물의 양식이었다. 우리는 인간에게만 적합한 것들을 인간의 양식이라고 한다. 인간이 먹을 수 있는 양식이 되도록 빵을 만들고, 마실 수 있는 음료가 되도록 포도주를 만드는 것, 이것은 인간만이 가진 고유한 특징이다.

5. 이것이 바로 우리가 빵과 포도주를 바치는 이유이다.

4. 왜 인간 삶의 첫 열매를 선물로 바쳐야 하는가?

1. 무슨 까닭으로 우리는 이 선물을 인간 삶의 첫 열매로서 하느님께 바쳐야 했는가?

2. 그것은 우리가 바치는 이 선물에 대한 대가로 하느님께서는 우리에게 생명을 주시기 때문이다. 선물은 그 대가와 아무런 관련이 없는 것이 아니라 어떤 관련이 있어야 한다는 것이 합리적인 생각이었다. 대가가 생명이기 때문에, 선물도 생명과 어느 정도 관련된 것이어야 하는 것이다. 특히 하느님께서는 선물의 제정자이시면서 대가를 제공하시는 분이시고, 정의롭게 모든 것을 저울로 가늠하시는 분이시다(이사야 28:17, 40:12, 지혜서 11:20-21 참조). 바로 그분이 우리에게 빵과 포도주를 바치라고 명하신다. 바로 그분이 그에 대한 대가로 우리에게 살아있는 빵과 영원한 생명의 잔을 주신다. 마치 사도들을 물고기를 잡는 어부 대신 사람을 낚는 어부로 만드신 것처럼 말이다. 또한 하늘나라에 대해 묻는 부자 청년에게 지상의 부 대신에 하늘의 부와 보화를 주실 것이라고 약속하시는 것처럼, 여기서도 마찬가지다. 그분은 '영원한 생명'(생명을 주는

당신의 몸과 피)을 받을 그들에게 사멸할 생명의 양식을 먼저 바치라고 명하신다. 그리하여 우리가 생명에 대한 대가로 생명을, 즉 우리가 바친 일시적인 생명에 대한 대가로 주님께서 주시는 영원한 생명을 얻기 위함이다. 그리하여 하느님께서는 큰 은총과 축복을 보상처럼 주시고, 이를 통해 그분의 무한한 자비와 정의가 드러나며, 나는 "자비를 정의롭게 보답하겠다"(이사야 28:17 참조)라고 말씀하신 것이 이루어진다.

3. 이것은 단지 성찬예배에서 뿐만 아니라 세례성사에서도 마찬가지이다. 세례성사에서도 우리는 생명과 생명을 맞바꾼다. 우리는 하나를 주고 그 대신에 다른 하나를 받는다. 그러나 세례성사에서 우리가 그리스도께 생명을 바치는 것은 묘사적인 것에 불과하지만 우리가 새로 태어나며 얻는 생명은 영적이고 참된 것이다. 돌아가셨다가 부활하신 그리스도께서는 우리가 그분의 새로운 생명에 동참하기를 원하셨다. 그래서 당신께서 베푸신 이 엄청난 선물에 대해 우리에게도 뭔가를 바치라고 명하셨다. 그렇다면 우리가 무엇을 바치는가? 그분의 죽음을 본떠서 우리의 생명을 바친다. 어떤 식으로 본뜨는가? 무덤 속에 우리의 몸이 묻히는 것처럼 물속에 우리의 몸을 담갔다가 다시 나오는 것을 세 번 반복하는 것이다. 그리스도께서는 이 방법으로 우리가 당신의 죽음과 장사에 참여하게 하시고 또 당신의 새로운 생명에 동참할 수 있게 해 주신다.

5. 왜 빵 전부가 아니라 그저 한 부분만을 바치는가?

1. 또 하나의 사실을 분명히 해야만 하겠는데, 사제는 왜 신자들이 바치는 빵 전부가 아니라 특정 빵을 선별하고 그 빵에서 자른 특정 부분만 하느님께 희생 제물로 봉헌하여, 후에 성찬예배를 위해 제단으로 옮기는가 하는 것이다.

2. 이것은 그리스도의 봉헌의 특징이라 할 수 있다. 다른 선물들의 경우에는 소유자들이 같은 종류의 것 중에서 봉헌할 것을 골라 성전으로 가져가서 사제의 손에 건네준다. 사제는 그 선물들을 받아서 봉헌용이나 희생 제사용으로 쓰거나, 선물 각각의 용도에 맞게 처리한다.

3. 그런데 대사제이신 그리스도에 의해 손수 다른 몸들로부터 분리된 주님의 몸은 하느님께 드려졌고 봉헌되었고 바쳐졌으며 마침내 희생되셨다. 하느님의 아들이신 당신이 직접 인류 전체로부터 스스로를 떼어내시면서, 당신의 몸을 선택하셨다. 이분이 직접 그 몸을 하느님께 선물로 드리며 성부의 품 안에 두셨다. 그 품으로부

터 떠난 적이 없는 채, 그곳에서 그 몸을 창조하셨고 그 몸을 입으셨다. 그리하여 당신의 몸이 당신의 창조물과 함께 하느님께 바쳐지도록 말이다. 그리고 마침내 그 몸을 십자가에 못 박고 희생시키셨다.

4. 이것이 사제가 그리스도의 몸으로 변할 부분을 나머지 빵으로부터 분리해 하느님께 봉헌하는 이유이다. 시제는 그 빵에서 떼어낸 특정 부분을 성반(聖盤) 위에 놓고, 후에 제단으로 가져가서 희생 제물로 봉헌한다.

6. 왜 사제는 빵에 그리스도의 수난을 상징하는 표시를 내는가?

1. 사제에 의해 선별된 빵은, 예비제단에 있는 한, 여전히 빵일 뿐이다. 하지만 하느님께 선물로 봉헌되었다는 특성이 부여되어 그리스도를 상징하게 된다. 지상에서의 삶의 첫 시기에서 그리스도는 하느님께 바쳐진 선물이 되었기 때문이다. 또, 이미 언급한 바와 같이 그분은 맏아들이었기에 태어나면서부터 선물로 바쳐졌기 때문이다(출애굽기 13:2 참조).

2. 우리의 구원을 위해 그리스도께서 당신의 몸으로 겪으신 그 수난, 곧 십자가와 죽음은 구약에서 미리 예언되었다. 그래서 사제는 빵을 제단으로 가져와 희생 제물로 드리기 전에 그 위에 여러 가지 상징을 표시한다. 어떤 방법으로 하는가? 다른 빵들로부터 선별한 빵 하나를 선물로 정하면, 마치 평판 위에 새기듯 그 빵 위에 그리스도의 수난과 죽음에 대한 표를 새긴다. 사제가 하는 이 모든 행위는 실용적 필요에 의한 것이든 아니든 상관없이 모두 이 상징에 속한다. 그리고 성찬예배 속에서 행해지는 모든 것은 실제로 우리 구원의 근원인 주님의 수난과 죽음에 대한 하나의 이야기

가 된다.

3. 이처럼 행위를 통해 이야기하고 권고하고 예언하는 것은 매우 오래된 관행이었다. 그 일례로 에제키엘 예언자는 유대인들의 포로생활을 보여주려고 스스로를 줄로 묶었고(에제키엘 3:25, 4:8 참조), 하가보 예언자도 성 바울로 사도의 투옥을 보여주기 위해 같은 행동을 해 보였다(사도행전 21:10-11 참조). 또 거룩한 교부들 가운데 한 명이 '수도자는 어떤 사람입니까'라는 질문을 받고는 아무런 대답도 없이 그저 자신의 수도사복을 벗어서 발로 짓밟았다는 이야기도 전해져 온다.

4. 하느님으로부터 들은 것을 전했던 구약의 예언자들은 주님의 죽음과 주님의 모든 구원 계획을 말로써 뿐만 아니라 행위로써도 드러냈다. 바다를 가른 모세의 지팡이(출애굽기 14:16, 21), 불꽃이 이는데도 타지 않는 떨기(출애굽기 3:2-3), 아버지에게 이끌려서 희생 제물이 되기 위해 인도된 이사악(창세기 22장), 그 외 다른 많은 형상이 처음부터 우리 주 예수 그리스도의 거룩한 구원 계획의 위대한 신비를 상징했다.

5. 사제는 이것들을 거행한다. 장엄한 희생 제사에 대해 자신이 알고 있는 모든 것을, 물질적 차원에서 가능한 방법을 다하여, 말로써 표현하거나 행위로 드러내 보여준다. 이를 통해 주님께서 어떻게 고난을 시작하셨는지, 어떻게 돌아가셨는지, 그분의 옆구리

가 어떻게 창으로 찔렸고, 복음서가 우리에게 말하듯 어떻게 피와 물이 옆구리의 상처에서 흘러내렸는지를 우리에게 말해주는 것과 같다.

6. 사제가 이것을 하는 목적은, 앞서 말한 대로, 이 진리들과 실제적 사건은 이전에 이미 예표와 묘사로 사람들에게 알려진 것임을 드러내기 위한 것이다. 이런 방식으로 사제는 빵을 제단으로 가져와 바치기 전에 먼저 희생의 상징을 새기며, 이 빵이 참된 빵, 십자가에 달려 희생되신 그리스도로 곧 변하리라는 것을 보여준다. 또, 주님의 죽음을 선포해야 하는데, 수많은 사람의 목소리가 필요할 주님의 죽음에 대한 언급과 소식을 전하는 그 어떤 방법도 놓치지 않기 위해, 사제는 말과 행위로 그 죽음을 표현한다.

7. 주님을 '기념'한다는 것은 무엇인가?

1. 무엇보다도 먼저, 사제는 성스러운 부분이 떼어질 빵을 들고서 "우리 주 하느님, 구세주이신 예수 그리스도를 기념하나이다."라고 말한다. 이는 주님의 명령을 따르는 것인데, 주님께서 "나를 기념하여 이 예식을 행하여라."(루가 22:19, 고린토 전 11:24-25)라고 말씀하셨기 때문이다.

2. 사제가 한 이 말은 이 빵에만 적용되는 것이 아니라 전체 성찬예배에도 적용된다. 마치 성찬예배를 마치는 방식으로 시작하는 듯이 말이다. 왜냐하면 주님께서 "나를 기념하여 이 예식을 행하여라."고 말씀하신 것은 그 신비를 완선히 완성하신 후였기 때문이다.

3. 그렇다면 이 기념이란 무엇인가? 우리는 성찬예배에서 어떻게 주님을 기념하는가? 그분의 어떤 행위와 또 어떤 상태에 계시는 그분을 기념하는 것인가? 다시 말해 그분에 대해 무엇을 기념해야 하고 그분의 삶의 어떤 부분을 이야기해야 하는가? 그분이 죽은 자

를 살리신 것, 눈먼 이의 눈을 뜨게 해주신 것, 폭풍우를 잠잠케 하신 것, 빵 몇 덩어리로 수천 명을 먹이신 것, 즉 그분이 전능하신 하느님이라는 것을 증명해주는 기적들인가? 전혀 아니다. 오히려 십자가, 수난, 죽음 같은 연약함을 드러내는 사건들을 기념해야 한다. 그분께서는 이런 것들 속에서 당신을 기억하라고 우리에게 명하셨다. 그리스도에 대해 그토록 잘 알고 있었던 사도 바울로는 이렇게 해석했다.

4. 바울로는 성사에 대해 고린토인들에게 적어 보낸 편지에서 "나를 기념하여 이 예식을 행하여라."는 주님의 말씀을 언급하며 이렇게 덧붙였다. "그러므로 여러분은 이 빵을 먹고 이 잔을 마실 때마다 주님의 죽으심을 선포하고, 이것을 주님께서 다시 오실 때까지 하십시오."(고린토 전 11:26) 주님께서는 제자들에게 성사를 직접 알려주며 전달하셨을 때, 이 점을 분명하고 확실하게 짚어주셨다. 왜냐하면 주님께서 "이것은 내 몸이다", "이것은 내 피다"라고 말씀하셨을 때, "이것은 죽은 자를 살리고, 나병환자를 깨끗하게 한 내 몸이다"라고 덧붙이지 않으시고, 빵을 떼어 "이것은 너희를 위해 내어주는 것이다", 그리고 잔을 들어 "이것은 너희를 위해 흘리는 것이다"(루가 22:19-20, 고린토 전 11:24-25)라고 말씀하시며 오로지 자신의 수난과 죽음에 대해서만 말씀하셨기 때문이다.

5. 그렇다면 주님께서는 왜 자신의 기적이 아니라 고난을 우리에게 일깨워 주시는가? 그것은 고난이 기적보다도 훨씬 더 중요하기

때문이다. 그분의 고난은 우리에게 구원의 근원이며 그것이 없었다면 인간은 부활할 수 없었을 것이다. 죄에서 구원받을 수 없었을 것이다. 반면에 기적은 그저 무엇인가를 드러내 보여주기 위한 것이었다. 즉 그것은 사람들이 예수를 참된 구세주로서 믿도록 하기 위해 베풀어졌던 것이다.

8. 빵에 대해 행하는 의식

1. '기념'은 이런 방법에 맞춰서 해야 하기에 사제는 "주님을 기념합니다"라고 말한 뒤에 그리스도의 십자가와 죽음을 상징하는 의식을 추가한다. 빵을 자르면서 사제는, 구약의 예언자가 구세주의 수난에 대해 말한 것, 곧 "그는 도살장으로 가는 어린 양처럼 끌려갔다."(이사야 53:7, 사도행전 8:32 참조)라는 구절을 읊는다. 이렇게 말과 행위로 할 수 있는 만큼 이 예언의 말을 표현한다. 빵을 자르는 것은 실용적인 이유 때문인데, 곧 '선물'을 따로 떼어내야 하기 때문이다. 그러나 이는 또한 상징적인 의미도 있다. 그것은 "나는 이제 세상을 떠나 다시 아버지께 돌아간다."(요한 16:28)라고 말씀하신 것처럼 죽음을 통해 세상을 벗어나 당신의 길을 가시는 것, 즉 아버지께로 돌아가시는 것을 표현한다.

2. 사제는 빵을 성창(聖槍)으로 여러 번 찔러서 자르는데, 예언자의 구절도 여러 부분으로 나누어 말하면서, 잘린 조각들과 예언자의 구절이 서로 상응하도록 한다. 이는 빵을 자르는 것이 예언의 구절을 설명하는 것임을 보여주기 위함이다. 이 빵이 하느님께 봉

헌되기 위해서 같은 종류의 많은 빵 가운데서 선별되어 분리된 것처럼 그렇게 사람에 대한 사랑으로 인간의 본성을 나누셨던 주님께서는 인간에게서 분리되셔야 했다. 그렇게 그분은 "도살장으로 가는 어린 양처럼 끌려가셨고", 같은 방법으로 "인간사회에서 끊기셨다."(이사야 53:7-8 참조) 이후에 사제는 예언서의 나머지 부분을 부언한다.

3. 사제는 빵을 성반 위에 놓고 나서, 우리 주님의 희생과 죽음을 선포하고 드러내는 것, 즉 다음과 같은 말을 하면서 의식을 거행한다. "세상의 죄를 없애시는 하느님의 어린 양이 세상에 생명과 구원을 주시기 위하여 희생되시도다." 형태와 말과 행위 이 모든 것은 이제 주님의 죽음이 어떻게 이루어졌는지를 보여주고 상징한다. 사제는 빵에 십자가를 새기는데, 이는 십자가로 말미암아 희생이 이루어졌음을 선포하고 드러내는 것이다. 그리고 나서 성체의 오른쪽을 찌르는데, 찌름으로 인해 생긴 자국은 주님의 옆구리에 난 상처임을 표현한다. 빵을 찌르는 작은 쇠칼은 '성창'이라 불리며 실제로도 창의 모양을 띠는데, 이는 복음에 나오는 그 창을 연상시키기 위한 것이다. 사제는 빵의 오른쪽을 찌르면서 다음의 복음 말씀을 읽는다. "군인 하나가 창으로 그 옆구리를 찔렀다."(요한 19:34) 사제는 또 주님의 옆구리에서 흘러내린 피와 물에 대해서도 언급하는데, 말과 행위로써 그것을 기념하고 이야기한다. 즉, 성작(聖爵)에 포도주와 물을 부으며 "그러자 곧 거기에서 피와 물이 흘러나왔다."(요한 19:34)라고 말한다. 이런 것들이 바로 주님에 대한 기념이다.

9. 왜 주님은 우리에게 당신을 기념하면서 이것을 행하라고 명령하셨는가?

1. 이런 명령을 우리에게 하신 까닭은 무엇인가? 우리에게 당신을 이렇게 기념하라고 말씀하신 그분의 목적은 무엇인가? 그것은 우리가 은혜를 아는 사람이 되도록 하기 위함이다. 이것은 호의를 입은 사람들이 호의를 베푼 사람들과 그들의 업적을 기억하며 행하는 일종의 보답과 같은 것이기 때문이다. 사람들은 은인을 기념하기 위해 여러 가지 방법을 고안했는데 이를테면 무덤, 동상, 비석, 축일, 축제, 공식적인 운동 경기 따위가 그것이다. 이 모든 것은 단 하나의 목적을 가지고 있는데, 그것은 곧 선하고 칭송받아 마땅한 사람들에 대한 기억이 망각의 늪에 빠지는 것을 막는 것이다.

2. 구세주께서도 이러한 방식을 택하셨다. 마치 이렇게 말씀하시는 것과 같다. '사람들은 자신들의 은인을 망각하지 않고 기억하기 위해 여러 가지 약을 찾는다. 하지만 "너희는 나를 기념하여 이 예식을 행하여라."(루가 22:19)' 도시마다 영웅들의 비석에 도시가 구원되었거나 번영한 업적, 싸움에서의 승리 등을 새기는 것과 같이 우리도 선물 위에 주님의 죽음을 새긴다. 바로 이 죽음을 통해

서 악마에 대한 승리가 실현된 것이다. 한편 도시들은 영웅들의 상(像)만을 가지고 있을 뿐이지만 우리는 거룩한 선물의 봉헌으로 주님 몸의 형상뿐만 아니라 은혜를 베푸시는 그리스도의 몸 그 자체를 갖게 된다.

3. 그리스도께서 오늘날 그리스도인들에게 하라고 명령하신 것처럼 하느님께서는 그 옛날 유대인들에게도 형식을 실현하도록 율법을 주셨다. 바로 과월절을 보내는 것과 어린양을 죽이는 것이었다(출애굽기 12장). 이것은 그 양의 죽음과 또 피로써 이집트에서 유대인들의 장자를 살린 사건을 기념하는 것이었다.

4. 이 '기념'의 계명은 이상의 것들을 포함한다.

10. 기념 후에 예비제단에서 이루어지는 말들에 대하여, 그리고 선물의 봉헌은 감사와 간청을 위함이라는 것에 대하여

1. 사제는 봉헌을 계속 이어간다. 그는 봉헌된 빵들 각각으로부터 한 조각씩을 떼어내서 '거룩한 선물'로 만든다. 그러나 그는 처음에 이미 주님의 죽음을 상징하며 했던 말이나 행동을 똑같이 되풀이하지 않는다. 한 번 말한 것은 예배 전체에 대해 유효한 까닭인데, 그것은 봉헌의 모든 과정은 주님을 기념하면서 이루어지고 그분의 죽음은 성찬예배 전체 안에서 계속 선포되기 때문이다.

2. 그러면 새롭게 추가되는 표현은 어떤 것들인가?

3. "지극히 거룩하신 하느님의 어머니를 공경하면서", "모든 성인들을 기념하면서", "산 이와 죽은 이의 죄 사함을 위해서" 등이다.

4. 그렇다면 이것은 무엇을 뜻하는 것일까? 선물을 봉헌하는 것은 곧 하느님께 감사와 간청을 드리기 위함이라는 것이다.

5. 사실은 이렇다. 선물은 하느님께 예배를 드리기 위한 용도이

든 사람들에게 무상으로 제공되기 위한 용도이든 간에 아무 이유 없이 제공되지는 않는다. 그것은 이미 실현된 혹은 앞으로 실현되기를 기다리는 어떤 훌륭한 무언가를 위해 주어진다. 왜냐하면 우리는 우리에게 호의를 베푼 이에게 보답의 표시로 선물을 하거나, 아직 그 호의가 실현되지는 않았으나 우리에게 호의를 베풀 수 있는 이에 대한 우리의 관심을 표현하기 위해 선물을 하는 것이기 때문이다.

6. 하느님께 봉헌하는 이 선물들은 이 두 가지 목적을 모두 가지고 있다. 하나는 우리가 이미 받은 모든 것에 대한 감사의 차원이고, 또 다른 하나는 앞으로 은총과 은혜를 받기 위한 청원의 차원이다. 이미 받은 각종 호의에 대한 감사, 그리고 은혜를 받고자 하는 청원, 선물은 이렇게 감사와 청원의 두 가지 의미를 담는다.

7. 그렇다면 하느님께서 우리에게 주신 선물들은 무엇이고 우리가 청원하는 것들은 무엇인가? 그것은 절대적으로 동일한데, 곧 죄의 사함과 하느님 나라의 상속이다. 그리스도께서는 모든 것에 앞서 이것을 먼저 추구하라고 명령하셨고, 교회가 이미 받은 것이 이것이며, 또 간청드리고 있는 것이 바로 이것이다. 그렇다면 교회는 어떤 방법으로 이 선물들을 받았는가? 또 무슨 이유로 아직 이 선물들을 성취하지 못했기에 이를 성취하기 위해 하느님께 청원하는 것인가?

8. 우리, 즉 교회의 구성원이 받은 선물은 바로, 그 선물들을 받을 수 있는 능력을 성취한 것이다. 왜냐하면 "그분을 맞아들이고 믿는 사람들은 하느님의 자녀가 되는 특권을 받았기"(요한 1:12 참조) 때문이다. 이것은 우리 구세주의 죽음으로 말미암아 우리에게 주어졌으며 모든 그리스도인에게 공통된 선물이다. 이것은 세례성사와 다른 신비의 성사들이며, 이 성사들로 말미암아 우리는 하느님의 자녀가 되며 하늘나라의 상속자가 된다.

9. 더 나아가 교회는 사도 바울로가 "하늘에 등록된 장자들"(히브리 12:23)이라고 부르는 수많은 이들을 통해, 즉 그들을 하늘에 보냄으로써, 사실상 이미 하늘나라의 유산을 상속받았다. 이런 방식으로 교회는 이 놀라운 선물을 취득했다.

10. 그러나 세상에 살면서 '월계관'을 얻기 위해 여전히 애쓰고 있으나(고린토 전 9:24-27, 필립비 3:14 참조) 삶의 마지막이 어떻게 될지 아직 불확실한 교회의 자녀들, 그리고 확실하게 담보된 희망 없이 세상을 떠난 이들에 대해선 교회는 아직 하늘의 왕국을 성취하지 못했다. 이런 이유로 교회는 주님의 죽으심을 기념하고 완전함에 이른 성인들을 기념한다. 또한 아직 완전에 이르지 못한 이들을 기념하고 추모한다. 그리고 완전에 이른 이들에 대해서는 감사를, 아직 이르지 못한 이들에 대해서는 간청을 드린다.

11. 따라서 봉헌의 첫 번째 부분은 감사와 관련되며, 두 번째 부

분도 그러하다. 나머지 부분은 주님에 대한 기념, 지극히 복되신 주님의 어머니께서 받으신 영광에 대한 기념, 그리고 성인들의 중보에 대한 간구이다.

12. 교회는 말한다. "주여, 당신께 감사드립니다. 왜냐하면 당신의 죽음으로 생명의 문이 우리에게 열렸기 때문입니다. 우리 가운데서 당신의 어머니를 뽑으셨기 때문입니다. 당신 앞에서 우리를 위해 중보해 줄 이들을 갖게 해주셨기 때문입니다. 우리와 같은 사람들을, 당신 앞에 친밀하게, 용기있게, 자유롭게 설 수 있도록 만들어주셨기 때문입니다. 즉, 성인으로 만들어주셨기 때문입니다."

13. 이는, '죄 사함을 위해'라는 표현이 '죄 사함 때문에'와 똑같은 것처럼, '영광을 위해'와 '중보를 위해'는 각각 '영광 때문에'와 '중보 때문에'로 표현하는 것과 같기 때문이다. 그래서 '때문에'라는 표현은 두 가지 의미를 지니는데 하나는 현재와 관련된 것이고 또 다른 하나는 미래, 즉 앞으로 희망하는 것과 관련된 것이다. 지극히 복되신 동정녀의 영광과 성인들의 중보와 용기가 현재의 은혜라는 것은 누구나 다 주지하고 있는 사실일 것이다. 그래서 현재의 은혜에 대해 선물을 봉헌하는 것은 순수한 감사의 행위를 의미하는 것 그 이상도 그 이하도 아니다. 또한 우리가 위에서 언급했던 모든 것을 비춰봤을 때 '주님의 기념'은 그분의 죽음에 대한 보은이라는 점이 확연하기에 동시에 감사의 의미도 담고 있다. 그러므로 선

물을 봉헌하는 의식 속에서 이런 말을 하는 목적은 무엇보다 그분의 죽음이 우리에게 모든 은혜의 근원이 된다는 점을 표현하기 위한 것이다.

14. 죄 사함과 영혼의 안식, 여러 가지 은혜 등을 구하는 청원은 맨 마지막에 온다. 그 이유는 우리가 하느님께 감사를 드릴 때는, 처음부터 우리의 필요를 나열하거나 우리에게 부족한 것을 구하는 것이 아니라, 먼저 우리가 하느님으로부터 받은 것을 기억하고 그분께 감사드리고 영광을 돌리는 것이 요구되기 때문이다. 이렇게 우리는 우리에게 필요한 것을 간청드리기에 앞서 먼저 하느님께 영광을 바친다.

11. 선물을 덮는 이유와 이 의식 때 하는 말들에 대하여

1. 주님의 죽음을 상징하기 위해 빵 위에서 말하고 행한 모든 것들은 오직 서술(敍述)이고 상징일 따름이다. 빵은 다른 특성 없이 빵으로 남아있다. 다만 하느님께 봉헌된 것으로서 주님의 어린 시절의 몸을 상징한다. 왜냐하면 이전에 언급됐던 것처럼 그 몸은 처음부터 선물이었기 때문이다. 그래서 사제는 갓 태어나신 예수님께 일어났던 기적들을 빵 위에서 기념하고 재현한다. 사제는 '아스테리스코스[2](별십자)'를 빵 위에 놓으며 다음과 같이 말한다. "그때 동방에서 본 그 별이 그들을 앞서가다가 마침내 그 아기가 있는 곳 위에 이르러 멈추었다."(마태오 2:9) 그는 계속해서 영원 이전부터 있었던 그분의 신성(神性)과 관련한 예언들, "주의 말씀으로 하늘이 펼쳐지고,"(시편 33:6) "주께서 위엄을 옷으로 입으시고 왕위에 오르셨다. 주께서 그 위엄 위에 능력을 띠 삼아 동이셨다."(시편 93:1) "그분의 덕이 하늘을 덮고, 땅은 그분의 지혜로 가득 차도다."(하바

---

2. '별'을 뜻하는 그리스어로, 디근자 모양으로 구부러진 얇은 금속 조각 두 개를 십자형으로 포갠 성물이다. 봉헌 예물을 성반 위에 준비한 뒤 이것으로 덮고 그 위에 성반포를 씌워놓는다. 상징적으로는 그리스도가 탄생했을 때 동방박사들을 그분께 이끈 별을 뜻한다.

꾹 3:3 참조)를 낭송한다. 이는 사람들이 어리고 연약한 인간의 모습으로 계신 하느님을 보면서 그분의 신성에 합당치 않은 그릇된 생각을 갖지 않게 하기 위함이다.

2. 사제는 이같이 말하면서 성반과 성작을 값진 '아이르(Aer)'[3]로 덮은 후 주변을 골고루 분향한다. 이렇게 하는 이유는, 육화하신 하느님의 권능은 성부 아버지의 증언과 기적이 나타난 그때까지 드러나지 않은 채 감추어져 있었기 때문이다. 하지만 "주께서 위엄을 옷으로 입으시고 왕위에 오르셨다. 주께서 그 위엄 위에 능력을 띠 삼아 동이셨다."(시편 93:1)라는 구절이나 신성을 의미하는 다른 여러 구절이 그분에 대한 것임을 잘 알고 있었던 이들은 그분을 받아들이고 하느님으로서 예배드렸으며 그분을 피난처로 삼았다. 사제는 바로 이것을 가리키면서 성반과 성작을 아이르로 덮으며 "주님 날개의 그늘에서 우리를 지켜주소서."(시편 17:8)라고 말하는 것이다. 그리고 주변을 골고루 분향한다.

3. 사제는 이 말을 마치고 나서 나머지 예비 의식을 거행한다. 그리고 성찬예배가 성스러운 목적에 잘 맞게 거행되도록 기도드린 후 제단 앞으로 나아가 성찬예배를 시작한다.

---

3. 수놓아진 붉은색 큰 보자기로 예비 제단에서 준비된 봉헌물을 덮는 데 사용한다. 대입당 때, 보제 혹은 사제는 이것을 어깨와 등으로 짊어지고 성작과 성반을 본 제단으로 옮겨놓은 다음 다시 이 보자기를 그 위에 덮는다. '신앙의 신조'를 읊거나 노래로 부를 때, 사제는 이 보자기를 봉헌물 위로 펼쳐 든 다음 부드럽게 흔든다. 이 밖에도 이보다 작은 보자기가 둘이 있는데, 각각 성작과 성반을 덮는 데 사용된다.

12-1. 성찬예배 시작 때 하느님께 드리는 영광

1. 성찬예배의 시작은 하느님께 영광을 드리는 것으로 다음과 같이 시작된다. "성부와 성자와 성령의 나라가 이제와 항상 또 영원히 찬미되나이다."

2. 하느님과의 대화는 감사, 찬양(영광 드리기), 고백, 청원으로 이루어진다.

3. 이들 가운데 첫째가 영광을 돌리는 것이다. 특히, 감사할 줄 아는 종들이 주인에게 다가갈 때 보이는 특징은 처음부터 자신의 문제를 내세우는 것이 아니라 주인의 업적만 드러낸다는 것이다. 영광을 드리는 것은 바로 이런 것이다.

4. 청원하는 사람은 자신에게 가져다줄 이로움을 더욱 증대시킬 목적으로 그렇게 한다. 고백하는 사람은 악에서 벗어나기 위해서 자기 자신을 탓한다. 감사하는 사람은 그가 받은 선물에 대해 기뻐하기에 그것을 준 이에게 감사하는 마음을 드러내는 것이 자명하

다. 그러나 하느님께 영광을 돌리는 사람은 자신과 자신의 이익은 제쳐두고 주님을 위해, 그분의 능력과 그분의 영광을 위해, 주님께 영광을 돌린다.

5. 그러므로 영광이 첫 번째 위치를 차지하는 것은 자연스러운 것이고, 합리적이며 올바른 것이다. 실제로 우리는 하느님께 다가가는 순간 그분의 영광에 접근하는 것이 불가능하다는 것을 바로 깨닫게 되고, 하느님의 힘과 위대함을 인식하게 된다. 이것은 자연스럽게 우리 마음속에서 경탄과 경이의 감정이 솟아오르게 한다. 이 감정들의 자연스럽고 필연적인 결과가 바로 영광을 드리는 것이다.

6. 우리는 하느님께 가까이 다가갈수록 그분의 선하심과 자애로우심에 대해 알게 된다. 이에 당연히 감사가 뒤따르게 된다.

7. 이렇게 우리는 그분의 넘치는 선하심과 자애로우심에 대해 생각한다. 그리고 우리의 사악함을 하느님의 넘치는 선하심과 비교하면서, '우리는 이토록 사악한데도 그분은 우리에게 멈추지 않고 은혜를 베푸시는구나'하고 생각하게 될 것이다. 왜냐하면 하느님께서 우리 곁에 계시고 우리 안에 계시며 우리 눈앞에 계시다는 사실은 그분이 참으로 자애로우신 분임을 우리에게 일깨워주기 때문이다. 따라서 하느님 앞에서 우리의 죄를 기억한다는 것, 이것이 바로 '고백'이라 불리는 것이다.

8. 네 번째 요소는 청원이다. 우리는 기도 속에서 우리에게 필요한 것을 청하면 하느님께서 들어주시리라는 확신을 갖게 되는데, 이는 우리가 하느님의 선하심과 사람을 향한 그분의 사랑을 인식하고 있기 때문이다. 그도 그럴 것이, 하느님께서는 우리가 악함에도 불구하고 여전히 우리에게 선하게 대해주시는데, 하물며 우리가 착한 사람으로 변화되고, 또 "의롭게 되려거든 먼저 너희의 죄를 고백하라"(이사야 43:26)는 예언자의 말을 따라 우리의 죄를 고백하고 의롭게 된다면, 과연 하느님께서는 우리를 어떻게 대해주시겠는가?

9. 이렇게 영광은 우리와 하느님의 대화 속에서 첫 번째 위치를 차지한다. 그래서 사제는 어떤 기도나 예식에 앞서 먼저 하느님께 영광을 돌린다.

10. 그렇다면 왜 사제는 한 분이신 하느님이 아니라, 삼위이신 하느님 각각의 위격에게 영광을 돌리는가? 사제는 "하느님이 찬미되나이다"라거나 "하느님의 나라가 찬미되나이다"라고 말하지 않고, 경배의 대상인 세 위격을 각각 구별해 "성부와 성자와 성령의 나라가 찬미되나이다"라고 말하는데, 그 이유는 주님의 육화로 인해 사람들은 하느님이 세 위격을 가지셨음을 알게 되었기 때문이다. 그리고 성찬예배는 우리를 주님의 성육화로 인도한다. 그렇기에 예배 시작과 함께 성 삼위가 선포되어야 하고, 빛나야 하는 것이다.

12-2. 청원에 대하여. 무슨 이유로 제일 먼저 평화를 청원하는가?

1. 영광을 드린 후에는 청원이 시작되는데, 사제는 먼저 이렇게 말한다. "평화로운 마음으로 주님께 기도드립시다."

2. 성서의 "빈말을 되풀이하지 말아라."(마태오 6:7)라는 구절, 즉 의미 없는 단어를 기계처럼 반복해 말하지 말라는 구절과 "어떻게 기도해야 할지 모른다."(로마 8:26)라는 구절은 기도를 위해 필요한 것이 무엇인지를 우리에게 알려준다. 무엇보다도 먼저 기도하는 방법을 가르쳐주는데 그것은 '평화로워야' 한다는 것이다.

3. 왜 우리는 영광을 드린 뒤에, 하느님께 고백이나 감사를 드리기도 전에 청원부터 먼저 드려야 하는가? 그것은 '평화'를 말할 때 그 단어 속에 이 두 가지(고백과 감사)가 다 포함되어 있기 때문이다. 자기의 삶에 만족하지 못하는 사람은 그 안에 평화가 자리할 수 없으며, 사도 바울로의 가르침처럼 "모든 일에 감사"(데살로니카 전 5:18)하는 사람만이 평화로운 마음을 누릴 수 있다. '깨끗한 양심'을 가지고 있지 못한 사람도 마찬가지다. 그 누구도 고백 없이 깨

끗한 양심을 갖는다는 것은 불가능하다. 따라서 평화로운 가운데 기도하는 사람은 이미 그의 영혼이 감사와 고백의 상태에 있는 사람이다.

4. 이외에도 신자들이 하느님께 간구하는 청원은 그들을 감사와 고백의 상태에 놓이게 해준다. 왜냐하면 그들이 청원하는 것은 바로 자비를 입는 것이기 때문이다. 그런데 이것은 사실 어떤 변명도 할 여지가 없는 죄수들이 심판관에게 마지막으로 쏟아내는 외침으로서, 엄격하고 냉혹한 정의가 아닌 심판관의 선의에 의해서 죄수 자신들이 원하는 것을 얻고자 하는 것이다. 죄수들은 이것을 통해 심판관의 놀라운 선의와 자신들의 사악을 고백한다. 전자는 감사이며 후자는 고백이다.

5. 사제는 자신이 교인들 대표로 또 그들의 중보자로 임명되어 기도하는 일에 전념하는 직무를 받았음에도 교인들에게 기도할 것을 처음부터 권면한다. 사제가 교인들에게 '평화로운 마음으로 주님께 기도할 것'을 권면하는 이유는 싱 사도 야고보가 "올바른 사람의 간구는 큰 효과를 나타냅니다."(야고보 5:16)라고 말한 것처럼 사제의 그 간구가 역동적이고 실효적이 되게 하기 위해서이다. 의인의 간구가 역동적으로 작용하는 때는 사제가 마음에 두고 생각하며 기도해주는 이들이 자신들이 할 수 있는 모든 것, 곧 선한 행위와 도덕적 순수함, 기도, 친절함, 그 외 하느님을 기쁘게 해드릴 것이라 여기는 것 등 자신들이 할 수 있는 모든 것을 바칠 때이다.

6. 그러면 첫 번째 청원은 무엇인가? 위로부터 오는 평화와 우리 영혼의 구원을 위한 것이다.

7. "평화로운 마음으로 주님께 기도드립시다."라는 청원을 통해 우리가 어떤 마음 자세로 기도를 드려야 하는지 배웠다면, 이제는 무엇을 가장 먼저 요청해야 하는지를 배운다. 즉, 하느님으로부터 오는 평화와 우리 영혼의 구원을 가장 먼저 요청해야 함을 배운다. 왜냐하면 그리스도께서는 이것, 즉 "먼저 하느님의 나라와 하느님께서 의롭게 여기시는 것"(마태오 6:33)을 구하라고 명령하셨기 때문이다. '우리 영혼의 구원'은 '하느님의 나라'를 가리키고, '위로부터 오는 평화'는 '하느님의 정의', '하느님의 의로우심'을 뜻하는데, 이에 대해 사도 바울로는 "하느님의 평화는 사람의 모든 이해를 뛰어넘는다."(필립비 4:7 참조)고 말했다. 그 평화는 그리스도께서 성부께로 올라가실 때, "나는 너희에게 평화를 주고 간다. 내 평화를 너희에게 주는 것이다."(요한 14:27)라고 사도들에게 말씀하시며 주신 평화였다. 마태오복음 6장 33절에 나오는 '의로우심'이라는 단어가, 똑같이 배분한다는 의미가 아니라 모든 종류의 덕을 뜻하고 있듯이, 여기서 평화라는 단어도 어떤 보편적인 의미를 갖는다. 평화란 모든 덕과 모든 영적인 지혜의 열매이기 때문이다. 만일 여러 가지 덕 가운데 어느 것 하나라도 갖추지 못한다면 그 누구도 완전한 평화를 누리지 못할 것이다. 따라서 이런 완전한 평화를 소유하고자 한다면 먼저 그 모든 덕을 갖추어야 할 것이다.

8. 따라서 우리는 가장 먼저, 우리가 인간으로서 이룰 수 있는 평화를 이루도록 하고, 그러고 나서 하느님께 하느님의 평화를 요청해야 한다. 우리가 할 수 있는 덕을 실천하고, 하느님께 당신의 덕을 요청하는 것은, 어떤 한 가지 덕에만 해당하는 것이 아니라 모든 종류의 덕에 해당하는 사항이다. 그것은 우리의 노력을 통해 성취할 수 있는 신중함과 절제가 있고, 하느님께서 사람 영혼에 심어주시는 신중함과 절제가 있기 때문이다. 사랑, 기도, 지혜, 그리고 다른 덕의 경우도 모두 마찬가지이다. 그래서 사제는 우리 의지에 달린, 그리고 우리가 이룰 수 있는 평화를 가장 먼저 언급한다. 그리고 이 평화를 가지고 하느님께 우리의 기도를 드리자고 초대한다. 그 다음에 사제는 하느님의 선물인 평화를 언급하며 교인들에게 그 평화를 위해 하느님께 간청드릴 것을 권면한다. "위로부터 오는 평화를 위해 주님께 기도드립시다." 여기서 사제가 말하는 '평화'는 다른 사람들과의 관계에서 어떤 앙심이나 감정이 없는 평화만 의미하는 것이 아니다. 양심에 거리끼는 것이 없어 우리 자신을 비난하거나 단죄하지 않는 자기 자신과의 평화를 의미하기도 한다. 이 평화의 유익은 참으로 커서, 어디에서나 필요한 절실한 덕이 아닐 수 없다. 정신이 산만하면, 산만함이라는 그 특성 때문에 하느님과의 관계를 제대로 맺을 수가 없다. 이는 평화가 많은 이들을 하나로 일치시키듯이, 산만함은 하나를 여럿으로 나누고 쪼개기 때문이다. 그러니 평화가 없는 사람이 어떻게 한 분이시며 나누이지 아니하시는 하느님과 하나가 될 수 있겠는가? 그 밖에도 평화 없이 기도하는 사람은 기도를 제대로 드리지 못하는 것은 물론이

고, 그 기도를 통해서 어떤 유익함도 누리지 못한다. 만일 분노심이 영혼을 흐트러트리거나 악의가 영혼에서 평화를 내쫓는다면, 그는 기도를 통해 죄 사함을 얻지 못할 것이고, 더 나아가 다른 어떤 은총도 받지 못할 것이다. 만약 다른 잘못들에 대해 양심이 거슬려 자기 마음이 자신을 비난하며 내면에 동요가 생긴다면, 그는 '기도할 때 떳떳함 없이 기도한다'라는 말처럼 떳떳함과 용기 없이 하느님 앞에 서 있는 것이다. 이 말은 믿음이 없음을 의미하는데 믿음 없이 기도하는 사람은 어떤 유익함도 없이 헛되게 기도하는 것이다.

9. 이런 이유로 인해 사제는 우리가 평화로운 마음으로 기도하도록, 무엇보다 하느님께서 주시는 위로부터 오는 평화, 즉 모든 양심의 가책에서 우리를 벗어나게 해주는 그 평화를 청원하도록 초대한다.

10. 만약 우리 마음이 이런 상태를 유지한다면, 우리는 선함 가득한 마음으로 다른 이들을 위한 청원을, 즉 교회뿐만 아니라 정부, 통치자, 그리고 위험과 곤경에 처해있거나 불행에 빠진 자들, 더 나아가 온 세상을 위한 청원을 드릴 수 있다.

11. "온 세상의 평화를 위해 기도합시다." 이 기도를 드리는 이유는 그리스도인들이 그들의 주님이 만유의 주님이고 모든 것의 창조주로서 당신의 모든 피조물에 관심을 기울이고 계신다는 점을 이

미 알고 있기 때문이다. 따라서 누군가가 그분의 피조물에 관심을 기울인다면, 그는 하느님께 제물을 바치는 것보다 더욱더 하느님을 공경하는 것이 된다(마태오 9:13, 12:7, 호세아 6:6 참조).

12. 그러면 바울로 사도의 말대로 "(그들이 평화를 누리듯이) 우리도 조용하고 평화롭게 살면서 아주 경건하고도 근엄한 신앙생활을 할 수 있을 것"(디모데오 전 2:2 참조)이다.

13. 그리고 우리는 영적인 것만이 아니라 우리가 필요로 하는 물질적인 것에 대해서도 청원한다. "좋은 날씨를 주시고 풍년이 들게 하소서." 이는 우리가 하느님을 모든 것의 창조주이자 공급자로 알고 언제나 그분만을 바라보도록 하기 위함이다. 그리스도께서는 우리에게 다른 것뿐 아니라 일용할 양식도 하느님께 청하라고 명하셨기 때문이다.

13. 각 청원 뒤에 하느님의 자비를 구하는 것은 무슨 의미인가?

1. 지금 우리는 다음과 같은 의문을 던져본다. 사제는 여러 가지 다양한 것에 대해 청원하는데 교인들은 왜 단지 '우리를 불쌍히 여기시는 것', 즉 '자비를 입는 것'만 간청하는가? 그리고 왜 사제의 기도에 매번 "주여, 불쌍히 여기소서."로만 응답하는가?

2. 이미 앞에서 밝혔듯이, 첫째, "주여, 불쌍히 여기소서."라는 이 구절 속에는 감사와 고백 두 가지의 의미가 모두 담겨 있기 때문이다. 둘째, 하느님께 자비를 청원하는 것은 그분의 나라를 청원하는 것과 동등한 가치를 지니기 때문이다. 그리스도께서는 당신의 나라를 구하는 이들에게 그것을 주시겠다고 약속하셨다. 더 나아가 그들이 필요로 하는 다른 모든 것까지도 곁들여 받을 것이라고 말씀하셨다(마태오 6:33 참조). 따라서 예배에 참여하고 있는 교인들은 "주여, 불쌍히 여기소서."라는 기도를 드리는 것으로 충분하다. 그것은 모든 것에 힘을 미치기 때문이다.

3. 하느님의 자비가 하느님의 나라를 의미한다는 것을 어디서 알

수 있는가?

4. 자비를 베푸는 사람들이 보상을 받을 것이라는 그리스도의 말씀에서 알 수 있다. 그리스도께서는 어떤 곳에서는 그들이 자비를 입을 것이라고 말씀하시고, 또 다른 곳에서는 그들이 하늘나라를 상속받을 것이라고 말씀하신다. 그것은 바로 하느님의 자비와 하늘나라의 상속이 같은 것임을 보여준다. 그리스도께서는 이렇게 말씀하신다. "자비를 베푸는 사람은 행복하다. 그들은 자비를 입을 것이다."(마태오 5:7)

5. 그리스도께서는 또 다른 곳에서, 마치 당신에 대해 설명하시며 누군가 자비를 입는다는 것이 무엇인지를 보여주시기라도 하듯 이렇게 선언하신다. "그때 그 임금은 자기 오른편에 있는 사람들(곧, 자비로운 사람들)에게 이렇게 말할 것이다. '너희는 내 아버지의 축복을 받은 사람들이니 와서 세상 창조 때부터 너희를 위하여 준비한 이 나라를 차지하여라.'"(마태오 25:34)

6. 누군가가 자비로운 사람들의 행실을 통해 하느님의 자비가 하는 일에 대해 생각해보려 한다면, 하느님의 자비가 정확하게 하늘나라와 동일한 것임을 알 수 있을 것이다. 실제로 자비를 베푸는 사람들이 하는 일이란 무엇인가? 다른 이들이 "굶주렸을 때 먹을 것을 주고, 목말랐을 때에 마실 것을 주는 것이다."(마태오 25:35 참조) 그러니 그리스도께서도 당신께서 자비를 베푸는 이들이 당신의

식탁에 참여할 수 있도록 받아들이실 것이다. 그렇다면 그것은 어떤 식탁인가? 그리스도와 함께 하는 식탁이다. "너희는 내 나라에서 내 식탁에 앉아 먹고 마시게 될 것이다."(루가 22:30) 그 식탁은 대단히 장엄하며, 종의 식탁이 아닌 임금의 식탁이다. 만유의 주님께서 준비하신 식탁이기 때문이다. 주님께서는 그 식탁에 당신의 종을 앉히시고 "띠를 띠고 그들 곁에서 시중을 들어주신다."(루가 12:37 참조)

7. 마찬가지로 주님께서는 당신께서 자비를 베푸는 이에게 옷을 입혀주실 것이다(마태오 25:36 참조). 임금의 옷을 주실 것인데, 그 이유는 어떤 다른 이의 소유물로써가 아니라 당신의 소유물로 직접 입혀주실 것이기 때문이다. 그리스도께서는 임금이시므로 종에게나 어울리는 그런 것이 없다. 이는 마치 종인 우리에게 임금에게나 걸맞은 게 없는 것과 같은 이치이다. 이 옷은 혼인 예복(마태오 22:12 참조)으로서 그것을 입은 사람들은 하늘나라 안에 있게 될 것이다. 왜냐하면 임금이 그들을 밖으로 내쫓을 만한 그 어떤 이유도, 잘못도 없을 것이기 때문이다(마태오 22:13 참조).

8. 또 무엇이 더 있을까? 그분은 당신 집의 문을 열고 그들을 집안으로 맞아들여 쉬게 하실 것이다. "내가 나그네 되었을 때에 너는 나를 따뜻하게 맞이하였기"(마태오 25:35) 때문이다. 이 같은 호의를 받기에 합당하게 된 사람들은 이제 더 이상 종이 아니라 하느님의 아들이다. "노예는 자기가 있는 집에서 끝내 살 수 없지만,

아들은 영원히 그 집에서 살 수 있다."(요한 8:35)라고 기록되어 있지 않던가. 이제 아들들은 그 나라의 상속자일 뿐만 아니라 그 나라 임금의 상속자이다. 그들은 "하느님의 상속자로서 그리스도와 함께 상속을 받을 사람"(로마 8:17)이기 때문이다.

9. 결론적으로 우리가 하느님의 자비를 청원하는 것은 하느님의 나라를 청원하는 것과 같다.

14. 우리 자신과 서로를 하느님께 맡기는 것에 대하여

1. 모든 기도를 마친 후에 사제는 이렇게 기도하며 우리 자신을 하느님께 맡기자고 초대한다. "지극히 거룩하고, 정결하고, 복되시고, 영화로우신 평생 동정녀 성모 마리아와 모든 성인들을 생각하면서, 우리도 그분들처럼 우리 자신과 서로를 그리고 우리의 온 생명을 하느님이신 그리스도께 맡깁시다."

2. '하느님께 자기 자신을 맡기는 것'은 모든 이에게 다 적용되지는 않는다. 누군가 이것을 말로만 표현하는 것으로는 부족하고, 하느님께서 동의를 표하셔야 하기 때문이다. 이를 위해서는 하느님 앞에 담대함과 용기, 그리고 하느님에 대한 신뢰가 있어야 한다. 하느님 앞에 담대함을 갖게 하는 것은 깨끗한 양심인데, 이것은 우리 마음이 우리 자신을 비난하거나 단죄하지 않을 때, 우리가 하느님 것에 관심과 신경을 쓸 때, 또 우리가 하느님 일에 관심을 기울이기 위해 우리의 관심사나 이익을 무시할 때 얻게 된다. 왜냐하면 그럴 때 우리는 스스로에 대한 관심을 과감히 떨쳐버린 채, 하느님께서 당신의 손으로 우리를 받아주시고 지켜주실 것이라는

확실한 믿음으로, 우리 자신의 안위를 전적으로 하느님께 맡기게 되기 때문이다. 우리 자신을 하느님의 손에 맡기는 것은 매우 중요하며 깊은 생각과 신중함을 요하기 때문에, 우리는 한편으로는 지극히 거룩하신 하느님의 어머니와 모든 성인들의 무리에게 우리가 하느님께 우리 자신을 온전하게 맡길 수 있도록 도움을 요청하고 ("모든 성인들을 생각하면서"의 '생각하다'라는 동사는 '부르다', '간청을 드리다'라는 뜻을 가지고 있으므로), 또 한편으로는 "믿음의 일치와 성령의 친교"를 먼저 간구한 후 "우리 자신과 서로를 그리고 우리의 온 생명"을 하느님께 맡긴다.

3. 그러면 '믿음의 일치'란 무엇인가? "의심을 품은 사람은 마음이 헷갈려 행동이 불안정하다."(야고보 1:8)라고 하는데, 이는 불안정하고 불확실한 두 마음을 의미한다. 이런 사람은 좌우로 흔들리고 오른쪽도 왼쪽도 아니게 불안정하게 길을 걷는 사람이다. 이런 상태에 반대되는 것이 믿음의 일치인데, 이는 굳건하고 견고하고 안정된 상태를 의미한다. 실제로 어떤 것에 대해 확실한 믿음이 있는 사람은 그것에 대한 진위를 제대로 파악한다. 반면에 '의심하는 사람'은 두 가지 사이에서 이리저리 흔들리며 그 말에서부터 자신이 누구인지를 잘 드러낸다.

4. 그러므로 믿음의 일치란 흔들림 없는 그 무엇, 모든 의심으로부터 멀리 떨어져 있는 그 무엇이다.

5. '성령의 친교'는 성령의 은총을 의미한다. 친교라고 불리는 이유는 하느님과 인간 사이에 있었던 담을 주님께서 십자가를 통해 헐어버리심으로써(에페소 2:14 참조) 이전에 서로 갈라져 교류를 할 수 없었던 하느님과 인간이 다시 교류할 수 있게 되었기 때문이다. 이것은 성령이 사도들 위에 내려오심으로써 성취되었다. 그때부터 거룩한 세례성사와, 성령의 은사의 모든 샘이 사람들에게 열렸고, 성 사도 베드로가 말한 대로 우리는 "하느님의 본성을 나누어 받게 되었다."(베드로 후 1:4)

6. 그러므로 자기 자신을 하느님께 맡기고자 하는 사람에게는 흔들림 없는 믿음과 성령의 도우심이 필요하다.

7. 우리는 우리 자신만이 아니라 '우리 모두'를 하느님께 맡겨야 한다. 왜냐하면 사랑의 계명에 따라 우리는 우리 자신만의 유익이 아니라 다른 사람의 유익도 구해야 하기 때문이다(고린토 전 10:24 참조).

15. 안티폰(응송(應頌))과 그에 따르는 기도들에 대하여

1. 보제가 "평화로운 마음으로 주님께 기도드립시다." 등의 청원기도를 드리고 교인들이 "주여, 불쌍히 여기소서."로 답하는 동안 지성소 안에서 사제는 혼자 작은 목소리로, 예배에 참석한 이들과 "거룩한 성전"에 당신의 "지극한 자비와 연민"을 풍성하게 부어주시기를 기도한다. 기도의 마지막에 사제는 하느님께서 우리의 기도를 들어주시고 옳은 것을 우리에게 주시는 이유를 큰 소리로 외치는데, 그것은 우리가 하느님의 자비를 받을 수 있는 자격이 있어서가 아니라, 하느님께서 영광과 찬미와 경배를 받으시는 분이기 때문이라고 밝힌다. 사제는 "당신의 영광으로 말미암아 이 모든 것에 대해 당신께 간구히니이다."리고 말하는데 그것은 온당치 못한 우리를 당신의 자애로 대하는 것은 곧 그분의 영광을 직접 드러내는 것이라는 말이다. 그리고 이처럼 하느님께 영광을 돌리는 일은 "주여, 영광을 우리에게 돌리지 마소서. 다만 당신의 이름을 영광되게 하소서"(시편 115:1)라는 다윗의 말처럼 우리에게도 그대로 적용된다.

2. 그래서 사제는 작은 목소리로 기도를 마친 후, "모든 영광과 찬미와 경배를 영원히…"라는 해설적 구절을 큰 소리로 말하는데 이로써 기도를 마무리하며 하느님께 영광을 돌리는 것이다. 그리해서 모든 이들이 그 영광을 돌리는 찬양을 듣고 이어지는 성가에 동참할 수 있도록, 또 온 교회로부터 하느님이 영광 받으실 수 있도록 하기 위함이다. 실제로 사제의 이 영광송을 듣는 이들은 그 찬양에 동참하게 된다. 교인들은 사제의 이 외침에 "아멘"으로 응답하며 사제의 기도를 자신들의 기도로 받아들이는 것이다.

3. 그러고 나서 사제는 거룩한 성가를 시작하고 모든 참례자는 거룩한 예언자들의 영감 어린 말씀, "주께 고백하며 그 이름을 노래하는 일, 지극히 높으신 하느님, 그보다 더 좋은 일이 어디 또 있사오리까?"(시편 92:1 참조)를 노래하면서 그 성가를 계속 이어간다. "더 좋은 일이 어디 또 있사오리까?"라는 표현이 들어간 것은 참으로 적절한데, 이 찬송에 대해 참으로 좋다고 말하고 있기 때문이다. 이는 우리가 각 찬송을 부르기 전에 기억해두어야 할 것이다. 한편 '고백하다'라는 단어를 통해서는 감사와 찬양의 의미를 전한다.

4. 이 성가 후에[4] 보제는 "다시 평화로운 마음으로 주님께 기도드립시다."라는 청원으로 이전에 했던 것처럼 교인들을 다시 기도

---

[4]. 오늘날은 "구세주여, 성모님의 중보로…"라는 성가가 불리는데, 원칙적으로는 "구세주여, 성모님의 중보로…" 이전에 다윗의 시편의 구절들이 먼저 선창된다.

로 이끈다.

5. 교인들의 성가와 기도가 계속되는 동안, 지성소 안에서 사제는 일반적으로는 교회의 모든 구성원을 위해서, 구체적으로는 하느님의 거룩한 집을 아름답게 꾸미고 빛내고자 하는 사람들을 위해서 기도하며 주님의 집을 사랑하는 이들을 영화롭게 해주시기를 간청한다. 그러면서 그 핵심적인 이유가 "나라와 권세와 영광이 당신의 것이기 때문"이라고 덧붙인다. 즉 사제는 마치 이렇게 말하는 것과 같다. '임금들은 자신들이 원하는 이들을 얼마든지 영화롭게 할 수 있는 영광과 능력을 지니고 있습니다. 그러하니 영원한 임금이신 이여, 그 나라와 권능이 당신의 것이오니 당신은 우리를 위해 무엇이든지 할 수 있으시옵니다.'

6. 그래서 사제는 이 이유를, 즉 하느님의 영광을, 모든 교인이 들을 수 있도록 큰 소리로 선포하는 것이다("나라와 권세와 영광이…"). 전과 마찬가지로 교인들이 그 영광에 동참하면 사제는 다시 성가(두 번째 안티폰, '부활하신 하느님의 아들이시어…')를 시작하고 교인들은 성가대를 통해 그 성가를 완성한다. 그 후에 보제는 이전과 마찬가지로 "다시 평화로운 마음으로 주님께 기도드립시다."라는 청원을 시작한다.

7. 사제는 함께 기도하는 교인들을 위해 다시 기도를 올리는데 교인들 각자가 하느님으로부터 받고자 하는 것을 성취할 수 있도

록, 더 나아가 후세에 영원한 생명을 누릴 수 있도록 간청한다. 지성소에서 조용히 교인들을 위한 기도를 끝낸 사제는 큰 소리로 "주는 선하시고 자애로우신 하느님이시니…"라고 외친다. 이것은 교인들의 애원을 들어주고 또 영원한 생명을 베푸는 그 근원이 하느님의 선하심과 자애하심에 있음을 선포하는 것이다. 또한 이것은 조용히 드리던 기도의 끝맺음으로써 모든 사람이 들을 수 있도록 큰 소리로 말한다.

8. 그리고 나서 세 번째 성가가 시작된다.

9. 성가가 불리는 동안 소입당, 즉 복음경의 입당이 진행된다. 복음경은 초와 향을 앞세우고 지성소에서 봉사하는 복사들의 행렬에 둘러싸인 채 보제에 의해서, 보제가 없다면 사제에 의해서 옮겨진다.

10. 사제는 지성소에 들어가기 전에 '아름다운 문'에서 조금 떨어진 곳에 서서 성가(찬양송)가 끝날 때까지 다음과 같은 기도를 드린다. "주 우리 하느님이시여, …… 천사들로 하여금 우리와 같이 입당하여 우리와 함께 예배를 드리고 주의 선하심에 영광을 드리게 하소서." 사제는 이 기도를 드리는 이유로서 "모든 영광과 찬미와 경배"가 다 하느님의 것이어서 인간들과 천사들로부터 영광을 받으셔야만 하기 때문이라고 덧붙인다. 즉, "모든 영광과 찬미와 경배"라는 구절을 통해, 당신을 찬양하고 경배하는 것을 알고 있는

우리 모두가 당신의 영광에 참여하고 있음을 나타내는 것이다.

11. 사제는 이같이 기도하고 나서 지성소 안으로 들어가 복음경을 제단 위에 내려놓는다.

16. 성찬예배의 의미

1. 우리는 성가의 내용에 대해 자세하게 다시 들여다봐야 한다.

2. 하지만 무엇보다 먼저 그리스도의 구원 사역의 신비가 이 희생 제사로 드러난다는 것을 언급해야 한다. 그뿐만 아니라 희생 이전과 이후에 말하고 행해지는 것을 통해서도 나타난다는 것을 알아야 한다.

3. 거룩한 선물이 주님의 몸, 즉 그 부활하신 몸, 그 승천하신 몸으로 변화될 때, 희생 제사는 주님의 죽음과 부활과 승천을 선포하게 되기 때문이다.

4. 희생 제사 전에 드리는 행위들은 그리스도의 죽음에 앞서서 일어난 사건들, 곧 그분의 오심, 세상에 나타나심, 공생애, 그리고 완전한 현현(顯現) 등을 선포한다. 희생 제사 이후에 드리는 행위들은 그리스도께서 손수 말씀하신 것처럼, "아버지의 약속"(루가 24:49, 사도행전 1:4), 곧, 성령께서 사도들에게 내리신 것, 사도들

을 통한 이방인들의 회귀, 그리고 그들의 거룩한 공동체 설립을 의미한다.

5. 전체 예배는 하나의 서사 작품처럼 처음부터 끝까지 조화와 완전성과 온전함을 유지한다. 따라서 예배 속에서 말하거나 행하는 것들 각각은 전체 속에서 한 부분씩을 제공하게 된다. 그리하여 예배가 시작할 때 불리는 성가들은 그리스도의 구원 사역의 첫 번째 시기를 의미하고, 뒤따르는 성서 봉독과 다른 예배행위들은 두 번째 시기를 나타낸다.

6. 우리는 성가와 성서 봉독이 또 다른 목적을 가진다고 밝힌 바 있다. 그것은 영혼의 정화나 성사에 임하기 위한 준비라고 할 수 있다. 이렇게 어떤 행위가 두 가지 의미를 담는다고 해도 두 의미는 서로 상충하지 않는다. 다시 말해 교인들을 성화하는 것과 그리스도의 구원 사역을 의미하는 것 둘 다의 기능이 있는 것이다. 그것은 의복이 몸을 감싸주면서도 그것을 입은 사람의 지위나 신분 등을 보여주는 것과 같은 이치다. 봉독으로 읽고 성가로 부르는 구절들은 성서나 거룩한 영감이 어린 글에서 뽑은 것이기 때문에 그것을 읽고 노래하는 이들을 성화시킨다. 그리고 그 텍스트의 선별과 배치를 통해 그리스도의 오심과 세상에 나타나심, 그리고 그분의 삶을 재현하는 또 다른 능력과 힘을 보여준다. 성가로 불리고 말로 전해지는 것뿐만 아니라 의식으로 행하는 것들도 그 나름의 역할을 가지고 있다. 각각의 부분은 구체적인 필요에 따라 이루어

지지만, 동시에 그리스도의 사역이나 수난의 특정 부분을 상징하기도 한다. 일례로 복음경이 옮겨지는 소입당과 거룩한 선물이 옮겨지는 대입당의 경우가 그렇다.

7. 우리가 처음에 자세하게 다뤘던 다른 것들에 대해서는 여기서 다시 다루지 않기로 한다. 굳이 같은 것을 다시 언급해서 길게 늘어놓을 이유가 없기 때문이다.

8. 이러한 특징이 있음을 알았으니, 이제 성찬예배를 구세주의 구원 사역의 측면으로서 더 자세하게 살펴보도록 하자.

9. 그러면, 먼저 안티폰 성가를 살펴보자.

17. 첫 번째 안티폰에 대한 해석

1. 첫 번째 성가는 우리가 하느님께 영광을 돌리도록 촉구하는 것으로서 예배 시작 때 불리기에 적절한 성가이다. 이 성가는 성부 아버지께 바치는 것으로, 독생자 아들에 대해 언급하고 있다. "주께 고백하며 그 이름을 노래하는 일, 지극히 높으신 하느님, 그보다 더 좋은 일이 어디 또 있사오리까?"(시편 92:1 참조)[5] 여기서 '지극히 높으신 하느님'은 성부 아버지를, '주'는 독생자 아들을 의미한다. 성가는 우리가 성자 아들과 성부 아버지 당신께 영광 돌리는 것이 좋은 것이라고 말한다. 무엇을 말하고 싶은 것일까? 이 성가는 뒤이어서 따라올 내용의 서곡(序曲)으로서 아버지와 아들에게 공동의 친양으로 바쳐질 것이다. 그리고 아비지께서 영화롭게 되신, 아들의 사역을 선포하게 될 것이다.

2. 영광을 드리는 실질적인 이유는 무엇인가? 그것은 성자 아들이 당신의 것을 다 내어 놓고 종의 신분을 취하여 인간으로 육화하

---

5. 평일 성찬예배 때 불리는 첫 번째 안티폰의 스티호스 가운데 하나이다.

신 것(필립비 2:7), 그분의 가난, 그분의 사역, 그리고 그분이 인간으로서 겪은 수난이다. 이것을 '자비와 진리'라고 부른다. (왜냐하면, 시편 92장 1-2절을 보면 "주께 감사하며 그 이름을 노래하는 일, 지극히 높으신 하느님, 그보다 더 좋은 일이 어디 또 있사오리까? 아침에 당신의 자비를 알리며 밤마다 당신의 진리를 전하는 일, 그보다 더 좋은 일은 다시 없사옵니다."라고 말하고 있음을 볼 수 있기 때문이다.) 자비라 부르는 이유는 우리가 과거에 참으로 비참한 상태에 있었을 때, 그분의 적으로 그분에 맞서 반역했을 때, 그분께서는 당신의 크신 자비와 온유로 우리를 모른 체 하지 않고 감싸주셨기 때문이다. 더 나아가 그분은 우리의 불행을 같이 아파해주시는 것에 머물지 않고 우리의 불행, 즉 죽음과 사멸에의 동참자가 되셨다.

3. 그분은 우리를 그 끔찍한 타락에서 들어 올리셨을 뿐 아니라, 우리가 당신의 나라와 당신께서 베푸시는 가장 좋은 것을 누릴 수 있게 해주셨다. 그래서 사도 바울로는 마치 그때서야 처음으로 하느님의 인자하심과 자애로우심이 완전하게 나타난 것처럼 "우리 구세주 하느님의 인자와 사랑이 나타났다."(디도 3:4)라고 말했다. 주님께서도 "이렇게 하느님께서는 이 세상을 극진히 사랑하셨다."(요한 3:16)라는 말씀으로 하느님의 사랑이 무한하게 넘치고 있음을 보여주셨다.

4. 이러한 이유로 구세주의 구원 사역은 '자비'라는 단어로 표현된다.

5. 그것은 또한 '진리'라고 불리는데, 하느님의 섭리의 그림자이고 예시였던 구약이 그리스도의 구원 사역을 지향하고 있었기 때문이다. 그래서 다윗은 구세주의 이 구원 사역에 대해 이렇게 말했다. "주께서 다윗에게 진리를 맹세하셨다."(시편 89:49 참조) 그렇다면 하느님께서는 무엇에 대해 맹세하신 것인가? 그리스도의 육화와 생명에 대해서였다. 왜냐하면 이렇게 맹세하셨기 때문이다. "네 몸에서 난 후손을 너에게 준 왕좌에 앉히리라."(시편 132:11) 이것은 어디에서 확연히 드러나는가? 가브리엘 대천사가 동정녀를 찾아가, 기적적인 방법으로 아들을 낳을 것이며 태어날 그 아기가 위대한 분이 될 것이라는 소식을 전할 때 확실하게 드러났다. 가브리엘 대천사는 동정녀를 향해 이렇게 말했다. "그 아기는 위대한 분이 되어 지극히 높으신 하느님의 아들이라 불릴 것이다. 주 하느님께서 그에게 조상 다윗의 왕위를 주시어 야곱의 후손을 영원히 다스리는 왕이 되겠고 그의 나라는 끝이 없을 것이다."(루가 1:32-33)

6. 또한 이 진리는 "정의와 공정함"(시편 99:4 참조)이라고도 불린다. 무엇 때문에 그러한가? 그것은 구세주께서 죄를 몰아내고 악마를 무찌르실 때 당신의 무한한 신적인 능력이나 권세로써가 아니라, 성서에 기록된 "정의와 공정이 당신의 옥좌를 받든다."(시편 89:14)라는 말씀처럼 정의와 공정(심판)으로 그것을 이루셨기 때문이다. 그것은 법정에서 배심원들의 표결로 상대방을 이기는 것과 마찬가지다. 그래서 주님께서는 당신의 수난 이전에 이렇게 말씀

하셨다. "지금은 이 세상이 심판을 받을 때이다. 이제는 이 세상의 통치자가 쫓겨나게 되었다."(요한 12:31)

7. 이런 사실을 잘 알고 있던 아레오파고스의 성 디오니시오스는 이렇게 말한다. "하느님의 선하심에 담긴 무한한 사랑은, 무한한 당신의 힘이 아닌 우리에게 신비롭게 전해진 말씀에 따른 그 정의와 공정(심판)으로써, 반역을 꾀하는 악마들의 무리를 짓밟아 버렸다."(아레오파고스의 성 디오니시오스, "교회의 질서에 대하여", PG 3:441)

8. 이처럼 구원의 사역은 '자비와 진리'일 뿐만 아니라 '정의와 공정'이기도 하기 때문에 시편 저자는 이렇게 첨언한다. "우리 하느님은 올곧으시고, 그분께는 불의가 없다."(시편 92:15 참조)

9. 시편 저자는 "아침에 당신의 자비를 알리며 밤마다 당신의 진리를 전하는 일, 그보다 더 좋은 일은 다시 없사옵니다."(시편 92:2)라고 노래한다. 우리는 밤낮 할 것 없이 하느님을 찬양해야 한다. 이것이 시편에 나와 있는 '아침'과 '밤'의 의미이다. 똑같은 의미로 시편의 다른 곳에서는 '언제나'(시편 34:1 참조)라는 표현을 쓴다.

10. 이것이 첫 번째 안티폰에 대한 해석이다.

18. 두 번째 안티폰. 성찬예배 시작 때 불리는 예언의 말씀은 무엇을 의미하는가?

1. 두 번째 안티폰은 하느님 아들의 나라와 영광과 권세를 찬양한다. 주께서는 당신의 겸손과 가난으로 "위엄을 옷으로 입으시고 왕위에 오르셨다."(시편 93:1)[6]

2. 그렇다면 여기서 예언의 말씀이 필요한 이유는 무엇일까? 그리고 이 말씀이 구세주의 구원 사역에서 어떤 의미를 갖는 것인가?

3. 예언의 말씀은 그리스도께서 세상에 계셨던 시기의 초창기를 의미하는데, 당시 그리스도께서는 비록 이 지상에 계시긴 했지만 대중에게는 아직 드러나지 않으셨다. 곧, "그분이 세상에 계셨으나 세상은 그분을 알아보지 못하였다."(요한 1:10 참조) 다시 말해서 그때는 등불이 타오르기 전, 세례자 요한 이전의 시기였다(요한 5:35 참조). 그래서 그리스도께서는 여전히 예언의 말씀이 필요했다. 하지만 시간이 흘러 때가 되었을 때 예언된 그분이 드러나셨고, 그

---

6. 평일 성찬예배 때 불리는 두 번째 안티폰의 스티호스 가운데 하나이다.

뒤로는 더 이상 예언자들이 필요하지 않게 되었다. 요한은 자신에게 오시는 주님을 직접 가리키며 증언했고, 성부 하느님께서도 요한이 보는 데서 주님을 증언하셨다(요한 1:29-34, 마태오 3:13-17 참조). 성서는 이렇게 기록하고 있다. "모든 예언서와 율법이 예언하는 일은 요한에게서 끝난다."(마태오 11:13) 성가로 불리는 예언들은 세례자 요한 이전 시기를 의미한다. 그리스도를 상징하는 거룩한 선물이 아직 교인들 눈앞에 드러나지 않고 한쪽에 덮인 채로 있기 때문이다. 이제 시편의 말씀에 대해 알아보자.

4. "주께서 위엄을 옷으로 입으시고 왕위에 오르셨다."(시편 93:1) 사람들이 그리스도를 믿고 그분께 복종했을 때 알게 된 그 지식을 그들은 '왕권'이라 명명했다. 영광의 광채와 아름다움과 능력으로 가득 찬 그분을 보았기 때문이다. 이는 그리스도께서 손수 "나는 하늘과 땅의 모든 권한을 받았다."(마태오 28:18)하고 말씀하신 그것이다. 실제로 지상의 시민들은 천상의 시민들과 함께 그들의 참된 주님을 알게 되었다. 시편 93편의 나머지 부분 역시 그리스도의 영광에 대해 이야기한다.

5. 예언자는 이 왕권의 방법을 설명하면서 이렇게 덧붙였다. "그분은 세상이 흔들리지 않도록 든든히 세우셨다."(시편 93:1 참조). 여기서 '든든히'는 믿음을 의미한다. 주님께서는 굳건히 서지 못하고 흔들리던 이들을 든든히 세우셨고 그들을 당신에게 붙들어 매셨다. 예언자는 "그분은 세상이 흔들리지 않도록 든든히 세우셨다."

라고 말했지만, 주님께서는 이렇게 말씀하신다. "너희는 가서 이 세상 모든 사람들을 가르치고, 아버지와 아들과 성령의 이름으로 그들에게 세례를 베풀라."(마태오 28:19 참조) 이것이 바로 믿음의 가르침이다.

6. 하지만 왕권에 있어서 믿음만으로는 부족했다. 이방인들은 믿음 하나에 완전히게 복종하지 않았을 것이다. 따라서 계명을 지키는 것이 필요했다. 그래서 예언자는 이렇게 말했다. "당신의 증언은 너무나도 미덥습니다."(시편 93:5 참조) 주님께서도 세상 사람들에게 세례를 베풀라고 사도들에게 지시하며 말씀하셨다. "내가 너희에게 명한 모든 것을 지키도록 그들을 가르쳐라."(마태오 28:20) 구세주께서는 계명이라 부르시는 것을 예언자는 증언이라 부른다. 이처럼 하느님의 계명을 증언이라고 부르는 것은 성서 전체 속에서 확인해볼 수 있다.

7. 시편의 저자는 말한다. "당신의 집에는 거룩함이 제격이오니 주여, 길이길이 그러히소서."(시편 93:5) 거룩함은 하느님께 마땅히 바쳐야 할 제물, 선물, 각종 예배를 의미한다. 따라서 거룩함이 하느님의 집에 제격이라는 예언자의 이 말은 하느님의 집이 비어있거나 하느님이 계시지 않은 삭막한 곳이 되어서는 안 되고, 집주인(하느님)이 몸소 그곳에 머물러야 함을 보여준다. 만일 그 집에 하느님이 계시지 않는다면, 하느님께만 어울릴 그것들은 이 집과 어우러지지 못하게 된다. 주님께서는 위의 예언에다가 당신께서 언제나

당신의 교회와 함께 하시리라는 약속(마태오 28:20 참조)을 부언하셨다. 사도 바울로는 교회를 '살아 계신 하느님의 집'이라고 부른다. "그대가 하느님의 집에서 어떻게 행동해야 할 것인가를 가르쳐주기 위해서 이 편지를 쓰고 있습니다. 하느님의 집은 살아 계신 하느님의 교회이고 진리의 기둥이며 터전입니다."(디모테오 전 3:15) 그리고 예언자가 "길이길이"(시편 93:5)라고 한 표현을 주님께서는 이렇게 표현하신다. "내가 세상 끝날까지 항상 너희와 함께 있겠다."(마태오 28:20)

8. 따라서 이 안티폰은 구세주께서 당신의 십자가 수난과 죽음으로써 이루신 그 예언과 정확하게 들어맞는다고 할 수 있다.

19. 세 번째 안티폰에 대한 해석

1. 세 번째 안티폰은 가까이 다가오셔서 당신을 드러내시는 주님을 맞이하는 것처럼 보인다. 이처럼 세 번째 안티폰은 그리스도를 상징하는 복음경이 높이 들려 보이며 옮겨지는 동안(소입당) 불린다. 해당 스티호스를 쓴 예언자는 그리스도께서 나타나심을 영혼의 눈으로 보며 이 찬송을 부른 것이 분명하다. 그의 마음이 기쁨과 환희로 가득 차서, 다른 사람들더러 자기와 함께 기쁨을 나누자고 청하고 있기 때문이다. "어서 와 주께 기쁜 노래 부르자."(시편 95:1)[7] 주님께서 오지 않으셨다면 지금 우리는 기뻐할 수가 없다. 그리스도만이 우리에게 기쁨을 가져다주시기 때문이다. 그리고 만일 그리스도께서 이 땅에 오시기 전에 기뻐한 사람이 있었다면, 그것은 그들이 그분의 신비를 맛보았기 때문이었다. 그래서 주님께서는 이렇게 말씀하셨다. "아브라함은 내 날을 보리라는 희망에 차 있었고 과연 그날을 보고 기뻐하였다."(요한 8:56) 그리고 다윗도 "당신 구원의 기쁨을 저에게 도로 주십시오."(시편 51:12)라고 소리

---

[7]. 평일 성찬예배 때 불리는 세 번째 안티폰의 스티호스 가운데 하나이다.

쳤다. 그는 자기가 죄를 짓기 전에 가졌었으나 죄를 지음으로써 잃어버린 그리스도 안에 있는 그 기쁨을 다시 찾기 위해 하느님께 간절히 청했던 것이다.

2. 만일 예언자가 "와서, 빛을 받자."라고 말했다면 그는 빛의 출현을 선포하는 것이 되었을 것이다. 그러나 이처럼 "어서 와 주님께 기쁜 노래 부르자."라고 함으로써 기쁨을 가져다주시는 그분을 드러내게 된다.

3. 계속해서 그는 그리스도를 '구세주', '주님'이라고 부른다.[8] 성서에서도 그리스도를 '구세주'라고 부르는데, 그것은 성 삼위 가운데서 성자만이 우리 구원의 근원이 되셨고, "그분은 인간의 죄를 깨끗하게 씻어주셨다."(히브리 1:3)라고 한 사도 바울로의 말처럼 우리 구원에 필요한 모든 것을 당신을 통하여 다 이루셨기 때문이다. 이것은 주님께서 착한 목자의 비유와 예를 들며 보여주셨던 바로 그 모습이다. 착한 목자는 다른 사람을 보내 잃은 양을 찾도록 하지 않았다. 자신이 직접 나서서 잃은 양을 찾아다녔고, 그 양을 찾은 후에는 자신의 어깨에 메고 돌아왔다(루가 15:4-6, 마태오 18:12-13 참조). 그래서 그분은 이런 뜻을 가진 이름을 받았다. 즉, '구세주'라는 뜻을 가진 '예수'라는 이름을 받았다.

---

8. 시편 95:1, 70인역

4. "감사 노래 부르며 그 앞에 나아가자."(시편 95:2) 여기서 '앞에'라는 표현은 구세주가 세상에 나타나심을 뜻한다. 즉, "그분이 우리를 찾아 집에 오실 때까지 기다리지 말고 찬양의 노래를 부르면서, 그분을 하느님으로 예배하며 '시편 가락에 맞추어 환성을 올리면서' 그분을 마중하러 나가자"라고 말하고 있는 것이다. 계속해서, "그분은 '종의 모습'(필립비 2:7 참조)으로 나타나길 수락하셨지만, 우리는 '만유의 주님'을 도외시하지 말자. 인간의 육신을 입으셨다고 해서 추문에 휩싸이지도 말자. 그분의 겉모양만 보고 그릇된 판단을 하지 말고 지극히 높으신 분에 대해 어리석은 생각을 갖지 말자. 주님은 비록 우리의 육체 안에 가려져 있지만, '높으신 하느님, 모든 신들을 거느리시는 높으신 임금님'(시편 95:3)이시기 때문이다."라는 의미를 담고 있는 것이다. 시편 95편은 계속해서 하느님께 어울리는 찬양을 이어간다.

5. 바로 이것이 예언의 말씀이다. 그것은 적절한 곳과 때에 배치되어 노래로 불린다.

20. 복음경의 출현과 삼성송에 대하여

1. 성가가 끝나면 사제는 성당 중앙, 지성소 앞에서 교인들이 볼 수 있도록 복음경을 높이 들어올리며 "지혜로우니, 경건한 마음으로 일어설지어다."라고 외친다. 교인들이 볼 수 있게 복음경을 높이 드는 행위는 대중에게 나타나기 시작하신 주님의 현현을 상징하는 것이다. 구약성서의 책들이 '예언자들'이라고 불리는 것처럼 복음경은 그리스도를 나타내기 때문이다. 그것은 부자와 라자로의 비유에서 아브라함이 부자에게 "그들에게는 모세와 예언자들이 있다."(루가 16:29)라고 말한 것과 같은 이치이다. 여기서 모세와 예언자들은 구약성서를 의미한다.

2. 하지만 이제 예언되신 분이 나타나서 당신을 분명하게 알리셨으니, 아무도 예언자들의 말에 주의를 기울이지 않는다. 그러므로 복음경의 등장으로 예언자들의 구절은 그치고, 이제 신약성서의 구절을 노래하게 된다. 즉 우리는 지극히 거룩하신 하느님의 어머니나 다른 성인들을 찬양하거나, 지상에 오셔서 우리를 위해 고난을 겪고 모든 것을 이루신 그리스도 당신을 찬양한다. 이러한 신비

를 바로 교회가 끊임없이 경축하는 것이다.

  3. 이어서 삼성송("거룩하신 하느님이여…")이 불린다. 우리는 삼성송으로, 구세주의 현현으로 드러난 성 삼위 하느님을 찬양한다. 삼성송은 천사들로부터, 또 거룩한 시편서의 일부로부터 만들어진 성가이다. 그것을 그리스도의 교회가 취합해 삼위일체께 바친 것이다. 한편 "거룩한 하느님이여, 거룩하고 전능하신 이여, 거룩하고 영원하신 이여"는 천사들의 찬양인데 이사야서 6장 3절에서 "거룩하시다, 거룩하시다, 거룩하시다. 만군의 주, 그의 영광이 온 땅에 가득하시다."라고 언급하는 부분과 요한의 묵시록 4장 8절에서 "거룩하시다. 거룩하시다. 거룩하시다. 전능하신 주 하느님 전에 계셨고 지금도 계시고 장차 오실 분이시로다!"라고 언급하는 부분에서 볼 수 있다. 또 다른 한편으로 "전능하시고 영원하신 하느님"은 "내 영혼이 전능하시고 살아계신 하느님을 그려 목이 탑니다."(시편 42:2 참조)라는 다윗의 말에서 인용되었다. 삼위일체이신 한 분의 하느님을 믿고 고백하는 이들의 교회가 이 두 가지 환호를 받아들이고 하나로 결합하고 또 "우리를 불쌍히 여기소서."라는 호소를 더한 이유는, 한편으로는 구약이 신약에 일치하고 있음을 보여주고자 했고, 다른 한편으로는 천상과 지상의 그리스도께서 나타나심으로써 천사들과 인간들이 하나인 교회, 함께 찬양을 드리는 하나의 성가대를 이루고 있음을 보여주려고 했기 때문이다. 복음경을 교인들이 볼 수 있도록 높이 치켜 드러낸 후에 삼성송을 부르는 이유가 바로 여기에 있다. 그것은 세상에 모습을 드러내신 그

리스도께서 우리를 천사들과 함께 같은 자리에 두셨음을 선포하는 것이다.

21. 삼성송에 따르는 기도와 거룩한 외침 "주의 깊게 들읍시다. 지혜로우니, 일어설지어다."에 대하여

1. 삼성송이 불리는 동안 사제는 하느님께서 이 찬양을 받으시고 당신의 은총의 선물로 답해주시기를 간구한다. 어떤 은총인가? 삼성송에 아주 잘 어울리는 은총이다. 사제는 이렇게 기도한다. "우리가 의식적으로나 의식하지 못한 중에 범한 모든 잘못을 용서하시고, 우리의 영혼과 육신을 거룩하게 하시며, 우리가 평생토록 어느 날에나 경건과 헌신으로 주를 섬기게 하소서." 그러면서 마지막에 사제는 그 까닭을 덧붙인다. 그것은 "당신께서 거룩하시고 또 거룩한 이들 가운데 계시기 때문"이다. 이렇게, 거룩한 존재의 특징은 무엇보다도 거룩한 이들 가운데서 기뻐하며 그들을 축성해주는 것이디. 이제 시제는 큰 소리로 "주는 기룩히신 히느님이시니…"라고 외친다. 그리고 바로 이어서 그곳에 모인 교인들에게 보내는 하나의 표어처럼 성 삼위께 영광을 돌린다. 교인들은 흔히 그래왔던 것처럼 사제의 그 외침에 "아멘"으로 응답하고 삼성송을 부르기 시작한다.

2. 삼성송이 끝난 다음, 사제는 다시 교인들에게 "주의 깊게 들

읍시다."라고 외치며, 나태함과 게으름으로 서 있지 말고 지금 행해지고 불리는 모든 것에 주의를 기울일 것을 요청한다. 그러고 나서 사제는 모든 이에게 평화를 기원하며 우리가 신비 성사에 전념하는 데 필요한 지혜를 상기시킨다. 그렇다면 이 지혜는 무엇인가? 그것은 예배에 적절하며 예배와 어우러지는 생각들이다. 인간적인 정욕 없이 믿음으로 충만한 경건한 이들은 그런 생각을 가지고 예배 속에서 이루어지는 행위와 말들을 주의 깊게 보고 들어야 한다. 이것이 그리스도인들의 지혜이기 때문이다. 이것이 바로 사제가 성찬예배 곳곳에서 교인들을 향해 "지혜로우니"라고 외치는 이유이다. 다시 말해 이것은 위에서 말한 것들을 다시 생각나게 해준다. 이렇게 우리는 "지혜로우니"라는 짧은 단어를 통해 그 속에 담겨있는 모든 의미를 서로 간에 상기시켜주며 그곳에 참여하고 있는 신자들이 계속해서 그 기억을 생생히 간직하도록 해준다.

3. 그런데 굳이 상기시켜줄 필요나 이유는 무엇이었을까? 망각은 참으로 몹쓸 폭군이다. 하느님과 그분의 말씀에 대한 망각만큼 그 어떤 인간적인 정욕도 사람을 그토록 자주, 그리고 쉽게 파괴하지 못한다. 우리는 온전히 서서 경건한 마음으로 성찬예배에 참여해야 한다. 그리고 경건한 자세로 그 안에서 행해지는 모든 것을 듣고 지켜봐야 한다. 그렇지 않다면 우리는 헛되게 예배에 참여하게 되고 쓸데없이 시간을 낭비하게 된다. 하지만 이것은 쉬운 일이 아니기 때문에 우리는 스스로 맑은 정신을 유지하려 노력해야 하고 매우 신중해야 한다. 사제가 자주 "주의 깊게 들읍시다."라고 우리

에게 상기시켜주는 이유가 여기에 있다. 우리의 생각이 자꾸 헛된 것에 휩쓸려가고 하느님의 것을 망각해 가는 것을 환기시켜 다시금 우리의 생각을 붙들어주기 위함이다.

4. 이와 같은 의미가, 고귀한 선물이 거룩한 제단으로 옮겨질 때 부르는 헤루빔 성가 "세상의 온갖 걱정을 물리칠지어다."라는 구절을 통해서도 표현된다. 이것이 바로 "지혜로우니"라는 단어가 의미하는 바이다.

5. 또한 "경건한 마음으로 일어설지어다."라는 이 외침도 똑같은 것을 촉구한다. 무엇을 촉구한다는 것인가? 그것은 우리가 하느님과 대화를 나눌 때 그리고 거룩한 신비에 임할 때 무기력하거나 무관심하지 않고 온갖 신경을 모아 집중하도록 주의를 주는 것이다. 열정과 경외심 속에서 하느님을 만나고, 성찬예배 속에서 우리가 보고, 말하고, 듣는 모든 것에 주목할 것을 요청하는 것이다. 우리의 깊은 관심과 주의와 경건의 첫 번째 표시가 되는 것은 예배에 참례할 때 앉지 않고 서 있는 것이다. 이것이야말로 간청하고 부탁하는 사람들의 자세이기 때문이다. 이것이 종의 자세이기 때문이다. 그들의 온 신경은 주인을 향해 있다. 언제든지 주인을 섬길 준비가 되어 있어서 주인의 몸짓 하나로 즉시 주인의 뜻을 알아차리고 그것을 실행하려 서둘러 나간다. 이처럼 우리는 우리 인생에서 가장 중요한 것인 우리 구원을 위해 하느님께 간청하는 탄원자이다. 동시에 우리는 종으로서 모든 종류의 섬김과 봉사에 대한 책임

도 가지고 있다.

6. 이것이 바로 이 외침들이 가지는 의미이다.

22. 성서 봉독, 그것의 순서와 의미에 대하여

1. 삼성송 다음에는 사도경 봉독이 이어지고, 그 뒤를 이어 복음경이 봉독된다. 복음경 봉독에 앞서 교인들은 하느님을 찬양하는 성가('알렐루야')를 부른다.

2. 우리는 왜 성서를 읽기 전에 하느님을 찬양하는 것일까? 그것은 당연히 그래야만 하기 때문이다. 즉, 하느님께서는 끊임없이 우리에게 은혜를 베풀어 주시고 그 가운데서도 특별히 우리가 당신의 말씀을 듣는 것과 같은 큰 은혜를 베풀어 주시기 때문이다. 사도경 봉독 때는 우리의 찬양이 간청과 섞이는데, 이는 우리가 "우리를 불쌍히 여기소서."라는 기도를 덧붙이는 것에서 볼 수 있다. 반면 복음경 봉독 때는 성가가 간청의 성격을 갖지 않는다. 그것은 복음경이 그리스도를 표현하고 있다는 것과 또 그리스도를 발견한 사람은 그가 얻으려 했던 모든 것을 이미 손에 넣었다는 것을 우리가 알게 해준다. 왜냐하면 신랑이 그 안에 계시기 때문인데, 이렇게 모든 것을 가진 사람은 더 이상 다른 것을 청할 이유가 없기 때문이다. 마찬가지로 "신랑이 자기들과 함께 있는 동안에는 신랑 친

구들이 슬퍼하거나 금식을 할"(마태오 9:15 참조) 이유가 존재하지 않는다. 그저 친구들은 신랑을 공경하고 찬양할 따름이다. 예언자들이 가르쳐주듯, 천사들의 찬양('알렐루야')은 그저 순수한 찬양일 뿐이다. 그 속에는 간청의 색채가 조금도 들어있지 않다.

3. 성찬예배의 이 시점에서 성서 봉독은 무엇을 의미하는가?

4. 이미 그것의 실질적인 목적에 대해서 밝혔지만, 그 이유를 다시 한번 말하자면 그것은 거룩한 신비의 위대한 축성에 앞서 우리를 준비시키고 깨끗하게 하기 위함이다. 의미면에서 해석한다면 그것은 주님께서 세상에 오신 후에 조금씩 조금씩 자신을 드러내셨던 것처럼 그렇게 주님께서 천천히 현현하심을 의미한다. 복음경은 처음에 덮인 상태로 보여지는데, 이는 아버지께서 주님을 드러내셨고 주님은 침묵하셨던, 그때의 현현을 의미한다. 그때는 주님이 침묵하심으로써 그를 증언할 다른 목소리가 필요했다(세례자 요한이 메시아를 암시하며 했던 설교와 위로부터 온 아버지의 목소리 "이는 내 사랑하는 아들, 내 마음에 드는 아들이다."가 그것이다(마태오 3:14-17, 요한 1:29-34 참조)). 그런데 이제 여기서 복음경 봉독을 통해 상징되는 것은 그분의 더 완전한 현현이다. 그리스도께서는 공개적으로 사람들에게 말씀하심으로써 대중과 섞이셨고, 그들에게 당신이 누구인지를 드러내셨고, 당신의 가르침으로만이 아니라 사도들을 가르쳐 복음을 전하게 하시고 또 그들을 "이스라엘의 길 잃은 양들"(마태오 10:6)에게 보내 당신을 확실하게 드러내셨다. 이러한 이유로

사도경과 복음경이 봉독되는 것이다.

5. 그렇다면 왜 복음경을 먼저 읽지 않고 사도경을 먼저 읽는가? 그것은 사도들의 말보다 주님께서 직접 하신 말씀이 훨씬 더 주님 당신을 완전하게 드러냄을 우리가 알도록 하기 위함이다. 주님께서는 당신이 능력적인 면에서 어떤 존재이신지, 선하신 면에서 어떤 분이신지를 완전히 사람들에게 드리내지 않으셨고 - 이것은 당신의 재림 때 드러날 것이다 - 다만 감춰져 있는 것들을 서서히 드러내 보여주셨다. 그렇기 때문에 주님의 현현이 조금씩 천천히 이루어졌다는 것을 보여주기 위해, 사도경이 먼저 봉독되고 그 다음에 복음경이 봉독되는 것이다. 그리스도의 완전한 현현을 나타내는 글들은, 앞으로 계속해서 보여지겠지만, 마지막에 드러난다.

23. 복음경 봉독 후에 드리는 청원들에 대하여

1. 복음경을 읽은 뒤에 보제는 회중들에게 기도할 것을 권면한다. 그동안 성소 안의 사제는 하느님께서 교인들의 기도를 받아주시기를 작은 목소리로 기도한다. 그리고 나서 사제는 큰 소리로 하느님께 영광을 돌리는데, 교인들을 그의 벗처럼 함께 이 찬양에 동참시킨다.

2. 그러면 복음경 이후에 잘 어우러지는 기도는 어떤 것들이 있는가? 복음의 계명을 지키는 교인들, 그리고 복음경으로 상징되는 그리스도의 자애를 본받은 이들을 위한 기도가 있다. 그러면 그들은 누구인가? 교회의 지도자들, 백성의 목자들, 나라를 다스리는 지도자들이다. 물론 그들이 본인들의 책무에 충실하고, 복음의 말씀을 지키고, 복음의 말씀에 맞게 백성을 가르칠 때 그렇다. 그들은 "그리스도의 대리인으로서 그리스도의 정신으로 그리스도의 양떼를 보살피며, 그리스도의 남은 고난을 겪는 이들이다."(골로사이 1:24 참조) 또한 복음경 이후에 드리는 기도 속에는 교회와 수도원을 설립하고 보살피는 이들, 덕의 가르침에 관심을 기울이는 이

들, 그리고 어떤 식으로든 교회와 성당에 유익을 주는 이들을 위한 기도도 포함되어 있다. 이 모든 이들은 사제가 드리는 그 기도 속에 포함되며 모두가 드리는 기도의 대상이 되기에 합당하다.

3. 이제 우리는 희생 제사로 나아갈 것이다. 당연히 예비교인이라고 불리는 비(非)입교자는 그 희생 제사에 참여할 수 없기에, 사제는 그들을 밖으로 내보낸다. 이는 그들이 그리스도교를 가르침으로써만 들었을 뿐이지 성사를 통해 받아들인 것은 아직 아니기 때문이다. 사제는 그들이 때가 되었을 때 세례성사를 통해 완전해질 수 있도록 그들을 위한 기도를 드린 후, 그들을 교인들의 무리에서 떼어내 성당 밖으로 내보낸다.[9] 사제가 그들을 위해 이렇게 기도를 드리는 이유는 "그들도 또한 우리와 함께 당신의 지극히 존귀하시고 영광스러운 이름을 찬미 드리게 하기 위함"이다.

4. 사제는 교인들과 함께 큰 소리로 하느님께 영광을 바친 후 하느님께 다른 기도를 드린다. 사제는 그 기도를 통해 하느님께 감사를 드리는데, 그것은 주의 거룩한 제단 앞에 설 수 있게 해주시고 또 자신과 주의 백성을 위해 하느님께 두 손을 들어 기도할 수 있게 해주신 데 대한 것이다. 그리고 나서 그는 자신이 언제나 깨끗한 양심으로 피 흘림이 없는 희생 제사를 바치기에 합당하게 해달라고 간청을 드린다. 그런데 그가 이런 기원을 드릴 수 있는 것은

---

9. 오늘날에는 이 관습이 적용되지 않는 경우도 있다.

바로 하느님의 영광 덕분이다. "모든 영광과 찬미와 경배가 주의 것이오니 성부와 성자와 성령께 이제와 항상 또 영원히 있나이다." 사제는 다시 여느 때처럼 교인들과 함께 하느님께 영광을 돌리고 나서, 그들을 대신해 자기 자신과 그들을 위해 기도한다. 한편으로는 자신이 단죄와 수치를 당하지 않고, "몸과 영혼을 더럽히지 않은 깨끗한 양심으로"(고린토 후 7:1 참조) 거룩한 제단에 설 수 있도록 간구하고, 또 다른 한편으로는 자신과 함께 기도하는 교인들이 단죄나 죄의식 없이 거룩한 신비의 참여자가 되어 하늘나라를 상속받을 수 있도록 기도한다. 여기서도 기도의 동기는 하느님의 영광이다. 사도 바울로는 그 영광을 위해 모든 일을 할 것을 지시했다. "모든 일을 오직 하느님의 영광을 위해서 하십시오."(고린토 전 10:31) 사도 바울로는 우리가 무슨 일을 하든 우리의 최종 목표는 언제나 하느님께 영광 돌리는 것이어야 한다고 역설한다. 농사꾼이 수고하는 이유는 열매를 수확하기 위해서이다. 그래서 그는 힘든 것을 마다하지 않고 수고를 아끼지 않는다. 장사꾼은 이윤 추구가 목적이며, 또 다른 일꾼들은 그들에게 맞는 나름의 목표가 있다. 이처럼 각자의 목표가 있듯이 우리도 모든 것에 있어 하느님의 영광에 초점을 맞춰야 하는데, 우리는 종으로서 하느님을 이렇게 섬겨야 할 의무가 있기 때문이다. 바로 이 목적을 위해 하느님께서 처음에 우리를 창조하셨고, 나중에는 당신 아들의 피로 우리를 사셨다. 그렇기 때문에 우리는 교회가 하느님의 영광을 위해 수고하는 것을 어느 곳에서든지 만나 볼 수 있다. 교회는 하느님의 영광을 온 우주에 선포하고, 모든 방법을 통해 이 영광을 노래하며, 모든 것 안에서 이 의미를 발견하고, 모든 행위를 이 영광을 위해서 한다. 기도, 기원, 간청, 예비자 교육, 권면, 각종 거룩한 행위들이 바로 그것이다. 이 주제와 관련해서는 충분히 설명이 된 것으로 보인다.

24. 거룩한 선물을 본 제단으로 옮기는 것에 대하여

1. 사제는 큰 소리로 하느님께 영광을 돌린 후에 예비제단으로 와서 거룩한 선물을 경건하게 머리 위로 든다. 그리고 지성소에서 나와 교인들을 지나쳐 성당의 중심부로 천천히 엄숙하게 걸어간다 (대입당). 교인들은 두려움을 가지고 경건한 자세로 공손하게 사제 앞에 무릎을 꿇고, 사제가 거룩한 선물을 봉헌할 때 자신들을 기억해달라고 간구한다. 사제는 초와 향에 둘러싸인 채 앞으로 나아가고 마침내 지성소로 들어가 거룩한 제단 앞에 선다.

2. 이는 실제적인 필요로 이루어지는데, 곧 희생 제사에 쓰일 선물들은 당연히 제단으로 옮겨져야 하기 때문이다. 그리고 이것은 하느님께 바쳐지는 것이니 장엄하고 엄숙한 가운데 행해진다. 과거에 왕들은 하느님께 선물을 바칠 때 다른 사람을 시키지 않고 본인이 직접 머리에 왕관을 쓰고 모든 격식을 다 갖춘 채로 가져와 바쳤다.

3. 거룩한 선물을 들고 성당 안을 행렬하는 것은 그리스도의 마

지막 현현을 의미한다. 그리스도께서 고향을 떠나 예루살렘으로 가셨을 때, 유대인들의 미움이 최고조에 이르러서, 그곳 예루살렘에서 희생을 당하셨다. 즉, 어린 나귀의 등에 올라 수많은 사람의 환호를 받으며 입성하신 곳에서 그렇게 희생 당하셨다.

4. 성당 안에서 거룩한 선물의 행렬이 진행되는 동안 우리는 사제 앞에 무릎을 꿇고, 삼시 후에 사제가 올릴 기도에서 우리를 기억해달라고 간청한다. 왜냐하면 이 강렬한 희생만큼 우리에게 확실한 희망을 줄 수 있는 탄원은 더 이상 존재할 수 없기 때문이다. 그리스도의 이 희생은 세상의 불경과 불의를 무상으로 깨끗하게 씻어준 그런 희생이었다.

5. 만일 거룩한 선물을 들고 엄숙하게 걸어가고 있는 사제 앞에 엎드린 교인 중 일부가 그 선물을 그리스도의 몸과 피로 여기고 경배한다면 그것은 오류를 범하는 것이다. 그들은 곧 성찬예배와 '미리 축성된 성찬예배'의 차이를 제대로 알지 못해 그 둘을 혼동하고 있는 깃이다. 우리가 지금 설명하고 있는 성찬예배에서 대입당 때 신자들 곁을 지나는 선물은 아직 축성되지 않은, 즉 완전한 희생이 이루어지지 않은 봉헌물이다. 반면 미리 축성된 성찬예배에서 대입당 때의 선물은 이미 완전한 희생이 끝난 봉헌물, 즉 이미 축성을 통해 변화된 그리스도의 몸과 피이다.

25. 대입당 후 사제가 교인들을 위해 드리는 기도와 권면에 대하여

1. 사제는 거룩한 선물을 제단 위에 내려놓는다. 그리고 사제는 희생 제사의 시간이 가까이 왔으며 자신이 곧 그 자리에 서게 될 것임을 인식하고, 예식에 합당하도록 자기 자신을 준비하는 데 더욱 전념한다. 그는 자신을 정화하고, 그 예식을 거행하기에 합당하도록 자신을 준비시킨다. 또한 자신뿐만 아니라 그곳에 참여한 모든 교인도 질서정연하게 준비시킨다. 그래서 그들이 기도, 서로에 대한 사랑, 신앙 고백('신앙의 신조')으로 하느님의 은총을 입을 수 있도록 채비를 갖춘다. 이 세 가지, 기도, 사랑, 신앙 고백은 주님께서 "너희는 늘 준비하고 있어라."(마태오 24:44)라고 말씀하신 그것과 다름없다. 왜냐하면 지금 우리 앞에는 믿음과 행위가 있는데, 그 믿음은 고백('신앙의 신조')으로 드러나고, 행위는 사랑으로 드러나기 때문이다. 사랑은 모든 선의 종착역이며 모든 덕을 포함한다.

2. 이 세 가지에 대한 사제의 초대는 잠시 후에 이루어지게 된다. 그전에 사제는 먼저 그때 꼭 드려야 할 기도를 올리도록 교인

들을 촉구한다. "존귀한 예물을 위하여 주님께 기도드립시다." 다시 말해서 사제는 교인들에게 거룩한 선물이 축성될 수 있도록, 그리고 우리의 첫 목표가 그 끝에 도달할 수 있도록 하느님께 간청하자고 권유한다. 계속해서 사제는 이어지는 몇 개의 청원을 하느님께 올린다. 그리고 마지막으로 우리 자신과 서로를, 그리고 우리의 온 생명을 주 하느님이신 그리스도께 맡기자고 권유한 후, 하느님께 올리던 기도의 마지막을 큰 소리로 외치며 여느 때처럼 성부, 성자, 성령에 대한 찬양으로 마무리한다. ("지극히 거룩하고 생명을 베푸시는 성령과 함께 영원히 찬양되시는 하느님 아버지시여, 당신의 외아들의 자비를 믿고 이 모든 기도를 드리나이다.") 사제는 교인들도 영광에의 참여자가 되게 한 후 교인들 간에 평화가 자리하도록 빌어주고 권면한다. 이는, 사제가 교인들을 향해 평화를 빌어주고 나서, 교인들 간에도 '서로 사랑할 것'을 촉구하고 있는 것에서 볼 수 있다. 그런데 서로를 위한 기도는 야고보 서신에 "서로 남을 위해 기도하십시오."(야고보 5:16)라고 나와 있듯, 사도적 명령이기도 하다. 따라서 교인들은 "모든 이에게 평화"라고 기원해주는 사제에게 "또한 사제에게도"라고 응답하며 그에게도 똑같은 평화를 빌어준다. 교인들 간의 사랑은 하느님에 대한 사랑의 바탕이 되고, 하느님에 대한 사랑은 그분에 대한 완전하고 생동하는 믿음의 바탕이 된다. 이러한 이유로 사제는 신자들에게 서로 사랑할 것을 촉구하고, 곧이어 '한 마음으로 믿고 고백하기 위한 것'이 그 이유임을 밝힌다("서로 사랑하고 한 마음으로 믿고 고백합시다."). 이어 교인들은, 성 삼위, 즉 "일체이시고 나누이지 아니하시는 성부와 성자와 성령"을 고백한다.

26. 신앙 고백과 교인들을 향한 사제의 권면, 그리고 교인들의 응답

1. 사제는 교인들에게 그들이 지금까지 하느님과 관련해서 배우고 믿고 있는 것, 즉 참된 지혜를 선언할 것을 권면한다. 사도 바울로는 이 지혜에 대해 이렇게 말한다. "우리는 신앙생활이 성숙한 사람들에게 이 지혜를 말합니다."(고린토 전 2:6) 다시 말해, 그리스도교의 진리가 영적으로 성숙한 사람들에게 전해지고 있음을 의미한다. 사도 바울로는 계속해서 이렇게 말한다. "이 세상 통치자들은 아무도 이 지혜를 깨닫지 못했습니다."(고린토 전 2:8) 즉 세상의 지혜롭다는 자들은 세상적인 지식과 과학보다 더 뛰어나고 심오한 지혜가 있다는 것을 알지도, 믿지도 않음을 지적한다. 사제가 "문과 문, 지혜로 임합시다."라고 외치는 것은 우리의 입과 귀가 열려 이 지혜로 나아가야 함을 말해준다.

2. 사제는 이 지혜에 입과 귀를 열고 온 신경을 집중해 그 지혜로 나아갈 것을 촉구한다. "문과 문, 지혜로 임합시다." 교인들은 사제의 이 외침에 응답하듯 큰 소리로 '신앙의 신조'를 낭송한다. 신앙 고백이 끝나면 사제는 "경건한 (그리고 주의깊은) 마음으로 바로

서서…"라고 외치는데 이것은 이단들의 교리에 흔들리지 말고 우리가 조금 전 고백한 그 믿음으로 굳건히 서야 함을 보여준다. 그리고 "경건한 (그리고 주의깊은) 마음으로"라고 외치는 이유는 믿음의 문제에 있어서는 영혼에 조그만 의심이라도 들어오지 못하도록 하고, 그래서 커다란 위험에 노출되지 않도록 경각심을 불러일으키기 위한 것이다. 이처럼 우리가 굳건한 믿음으로 서 있을 때 하느님께 거룩한 선물을 바치는 우리의 봉헌은 온당한 봉헌이 된다. 온당한 봉헌이란 무엇을 말하는 것인가? 그것은 "평화로운 가운데" 봉헌됨을 뜻한다. 그래서 사제는 이렇게 소리친다. "… 주의 깊게 참례하여 거룩한 봉헌의 제물을 평화로운 가운데 드립시다." 그러면 봉헌에 대해 주님께서는 어떻게 말씀하셨는지 들어보자. "제단에 예물을 드리려 할 때 너에게 원한을 품고 있는 형제가 생각나거든 그 예물을 제단 앞에 두고 먼저 그를 찾아가 화해하고 나서 돌아와 예물을 바쳐라."(마태오 5:23-24) 사제의 외침에 교인들은 "평화의 은혜와 찬양의 제사로다."라고 응답한다. 즉 우리는 거룩한 예물을 평화로운 가운데 봉헌하는 것에 그치는 것이 아니라, 또 다른 선물이나 희생 대신에 평화 그 사제를 봉헌한다고 응답하는 것이다. 우리는 "내가 바라는 것은 동물을 잡아 나에게 바치는 제사가 아니라 이웃에게 베푸는 자선이다."(마태오 9:13)라고 말씀하신 분께 자비를 바친다. 그분께서는 자비롭지 않은 희생을 원하지 않으신다. 반면 자비와 연민은 지속적이고 순수한 평화의 열매인데, 정욕의 영향에서 벗어난 자유로운 영혼은 그 어떤 방해도 받지 않고 자비로 가득 채워지기 때문이다. 우리는 그렇게 '찬양의 제사'를 봉헌한다.

3. 교인들의 응답이 끝나면, 사제는 그 무엇보다 가장 위대하고 가장 성스러운 것을 그들에게 빌어준다. 바로 다음과 같은 기원을 통해서이다. "우리 주 예수 그리스도의 은총과 하느님 아버지의 사랑과 성령의 친교가 여러분 모두에게 있으리이다."(고린토 후 13:13) 그러면 교인들도 서로를 위해 기도해주라는 그 가르침에 따라 "또한 사제에게도"라는 응답으로 사제를 위해 똑같은 것을 빌어준다.

4. 사제의 기원("우리 주 예수 그리스도의 은총과 …")은 성 사도 바울로의 편지에서 따온 것이다. 이 기원은 성 삼위의 은혜와 "온갖 완전한 선물"(야고보 1:17)을 우리가 누릴 수 있는 동기를 제공한다. 우리는 이 기원을 통해 성 삼위의 각 위격으로부터 축복을 받는데, 성자 아들로부터는 은총을, 성부 아버지로부터는 사랑을, 성령으로부터는 친교를 받는다. 예수 그리스도께서는 우리가 당신께 아무것도 드린 것이 없고 여전히 당신께 많은 빚을 지고 있음에도 우리를 위해 당신 자신을 희생 제물로 내놓으셨다. "그리스도께서는 우리 죄 많은 인간을 위해서 죽으셨다."(로마 5:8) 그러므로 우리를 위한 그분의 보살핌은 은총이다. 하느님 아버지께서는 성자 아들의 수난을 통해 인류와 화해하셨고 당신의 원수를 용서해주셨다. 따라서 우리에게 베풀어 주신 아버지의 은혜는 사랑이다. 하느님께서는 적대적이었던 그들과 화해를 이루신 후 "한없이 자비로우신 분"(에페소 2:4)으로서 그들에게 당신의 선물을 주셔야 했는데 그

것은 성령께서 사도들에게 내려오심으로써 성취되었다. 그래서 인간에게 베푸는 성령의 선의는 친교이다.

5. 혹시 누군가는 이 모든 은혜가 구세주께서 세상에 오심으로써 인간에게 주어졌다고 말할지도 모른다. 그렇다면 이미 우리에게 주어진 선물에 대해 기원을 드릴 필요가 있는 것일까? 사제의 이 기원은 우리가 이미 받은 것을 잃지 말고 마지막까지 지켜나가라는 의미가 크다. 그래서 사제는 "… 여러분에게 주어지기를"이라고 말하지 않고 "… 여러분과 함께 있으리이다."라고 말한다. 그것은 우리에게 주어진 그 은총이 우리에게서 멀어지지 않기를 기원하는 것이다.

6. 교인들을 위한 사제의 기원은 그들을 하느님의 축복에 합당한 존재로 만들어 준다. 그렇게 사제는 교인들의 영혼을 지상에서 높이 들어 올린 후에 "마음을 드높입시다."라고 말하며 그들의 생각과 마음을 높은 곳으로 이끈다. 즉, "지상에 있는 것들에 마음을 두지 말고 천상에 있는 것들에 마음을 두사"(골로사이 3:2)는 뜻이다. 교인들은 사제의 그 뜻에 동의를 표하며 이렇게 말한다. "주님께로 향하였나이다." 다시 말해 "재물이 있는 곳에 너희의 마음이 있다."(마태오 6:21)라는 가르침처럼 우리의 마음이 아버지의 오른편에 계시는 그리스도에게 가 있음을 선포하는 것이다.

27. 선물 축성과 그에 앞선 감사

1. 우리의 마음이 아름답고 거룩한 생각으로 가득 찼으니, 이제 사제에겐, 모든 선한 것의 원천이신 하느님께 감사를 드리는 것 외에는 다른 무엇도 남지 않게 된다. 게다가 감사를 드리는 것은 첫 번째 사제, 즉 그리스도를 본받는 것과 같다. 그리스도께서는 거룩한 성찬의 신비로운 성사를 제정하시기에 앞서 당신의 아버지께 감사를 드렸기 때문이다. 이처럼 사제도 거룩한 선물을 축성하는 기도를 드리기에 앞서 먼저 다음과 같이 우리 주 예수 그리스도의 아버지, 하느님께 감사를 드린다. "주님께 감사드립시다." 그러면 교인들은 동의를 표하며 "주님께 감사드림이 당연하고 마땅하나이다."라고 말한다. 그때 사제는 개인적으로 하느님께 감사를 드린다. 그러고 나서 사제는 하느님께 영광을 돌리고 천사들과 함께 하느님을 찬양하며 세상 창조 때부터 지금까지 우리에게 베풀어 주신 온갖 은혜에 대해 하느님께 감사드린다. 끝으로 구세주의 형언할 수도, 이해할 수도 없는 구원 사역에 대해 언급한 후 거룩한 선물을 바침으로써 모든 희생을 완성시킨다. 그렇다면 어떤 방법으로 이루어질까? 그 방법은 이렇다. 사제는 그날 만찬에서 있었던 사

건, 즉 그리스도께서 고난 받으시기 전에 제자들에게 이 성사를 마련해 주셨고 당신의 손으로 빵과 잔을 들어 아버지께 감사를 드린 후에 그것을 축복하시고 바치셨음을 이야기한다. 또한 사제는 성사임을 표현하기 위해 그리스도께서 말씀하신 것을 다시 반복하여 말한다. 사제는 그리스도의 말씀을 되뇌면서 하느님의 외아들의 그 거룩한 말씀이 본인 앞에 놓인 선물에도 그대로 적용되어 이루어질 수 있도록 혼신을 다해 기도하고 간청한다. 그리하여 그 선물이 지극히 거룩하고 전능하신 당신의 성령으로 변화되어 빵은 그리스도의 고귀한 몸이, 포도주는 그리스도의 흠 없는 피가 되도록 간구한다. 이 모든 기도와 말씀이 끝나고 나면 이 성스러운 의식은 "끝나고 완성된다." 선물은 축성되었고, 희생은 이루어졌다. 그리고 세상의 구원을 위해 죽임을 당한 위대한 희생물은 거룩한 제단 위에 놓여 우리 눈 앞에 펼쳐진다. 왜냐하면 이 빵은 더 이상 주님의 몸을 나타내는 형상이 아니며, 참된 선물을 상징했던 선물도 아니고, 구원을 위한 수난의 재현도 아니며, 참된 선물 바로 그 자체이기 때문이다. 이 빵은, 그 모든 저주와 비난과 모욕과 상처를 받으시고, 두들겨 맞으시고, 채찍질 당하시고, 침 뱉음 당하시고, "본디오 빌라도 앞에서 당당하게 증언하시고"(디모테오 전 6:13), 쓸개즙을 맛보시고, 십자가에 못 박히시고, 순교를 당하신 주님의 지극히 거룩한 몸 그 자체이다. 마찬가지로 이 포도주는 주님의 몸이 죽임을 당했을 때 흘러나온 피 그 자체이다. 이 몸과 피는 성령으로 잉태되어 복되신 동정녀로부터 태어난 그분의 몸과 피로서, 그분은 무덤에 묻히시고 3일 만에 부활하시고 하늘에 올라 아버지

오른편에 앉아 계신다.

28. 이 신비에 대한 믿음의 확신은 어디서 기인하는가?

1. 이 신비에 대한 우리의 믿음은 어디에 근거하는가?

2. 주님께서 몸소 이렇게 말씀하셨다. "이것은 내 몸이다."(마태오 26:26, 마르코 14:22, 루가 22:19) 주님께서는 사도들에게 이것을 행하라고 명령하셨으며, 사도들을 통하여 모든 교회가 이것을 행하도록 하셨다. "나를 기념하여 이것을 행하라."(루가 22:19, 고린토 전 11:25) 만일 주님께서 사도들에게 이것을 행할 능력을 주실 의향이 없으셨다면 애초에 이 지시를 내리지 않으셨을 것이다. 그렇다면 이 능력은 무엇인가? 바로 성령이다. 높은 곳에서 사도들을 무장시킨 능력이다. 주님께서 시도들에게 하신 밀씀을 들어보자. "너희는 위에서 오는 능력을 받을 때까지 예루살렘에 머물러있어라."(루가 24:49, 사도행전 1:8) 이것은 성령의 강림으로 이루어지는 사역이다. 왜냐하면 성령께서는 그때 당시 단 한 번 내려오고 나서 우리를 방치하신 것이 아니라 계속해서 우리와 함께 계시기 때문이다. 구세주께서 성령을 우리에게 보내신 것도 이렇게 우리와 함께 영원히 머무시도록 하기 위함이다. "그분은 곧 진리의 성령이시

다. 세상은 그분을 보지도 못하고 알지도 못하기 때문에 그분을 받아들일 수 없지만 너희는 그분을 알고 있다. 그분이 너희와 함께 사시며 너희 안에 계시기 때문이다."(요한 14:17) 바로 이분이 사제의 손과 입을 통하여 성사를 집전하신다.

3. 주님께서는 단지 성령을 보내 우리와 함께 있도록 하신 것으로 끝내지 않으셨다. 당신께서 직접 "세상 끝날까지" 우리와 함께 하시겠다고 약속하셨다(마태오 28:20). 한편 위로자 성령께서는 인간의 몸을 취하지 않으셨기 때문에 보이지 않게 우리와 함께 계시는 반면에, 주님께서는 인간의 본성을 취하셨고 또 그 본성을 영원히 가지고 계실 것이기 때문에 놀라운 성사를 통해서 우리가 주님을 보고 느낄 수 있게 하신다.

4. 사제직의 권능이란 바로 이런 것이고, 이분이 바로 사제이시다.[10] 사제가 단 한 번 자기 자신을 바치고 희생되었다고 그의 사제직이 거기서 끝나는 것이 아니다. 사제는 끊임없이 우리를 위해 예배를 드리며, 언제나 하느님 앞에서 우리의 변호자, 보호자, 조력자로 존재하신다. 그래서 성서는 그분을 향해 "당신은 영원한 사제입니다."(시편 110:4, 히브리 7:17)라고 기록하고 있다.

5. 이것이 바로, 만약 선물의 축성이나 다른 예식의 거행이 올바

---

10. 이 단락에서 '사제'는 대사제이신 그리스도를 가리킨다.

르게 사제의 기도에 따라 이루어진다면, 교인들은 그것에 대해 어떠한 의심도 품어서는 안 되는 이유이다.

29. 일부 로마 가톨릭 교인들이 우리에게 한 비판과 그에 대한 반박, 그리고 이 문제에 대한 해법

1. 어떤 로마 가톨릭 교인들은 이 주제와 관련해 우리의 가르침을 지적한다. 그들은 "받아먹어라."라는 주님의 말씀 이후에는 거룩한 선물의 축성을 위해 더 이상 그 어떤 기도도 추가로 필요하지 않다고 주장한다. 주님의 말씀으로 이미 축성되었다고 생각하기 때문이다. 그래서 그들은 사제가 "받아먹어라."라고 말한 후에도 그것을 여전히 축성되지 않은 빵과 포도주로 생각하고 축성을 위한 기도를 드리는 행위를 신앙심이 부족하고 부질없는 것으로 여긴다. 그들은 "받아먹어라."라는 말로 선물이 축성되었기에 더 이상 다른 기도가 필요 없다는 근거를 성 요한 크리소스토모스의 언급 속에서 찾는다. 성 요한 크리소스토모스는 "새끼를 많이 낳아 번성하라."(창세기 1:22)라고 한 번 말씀하신 하느님의 창조적인 말씀이 언제나 효력이 있는 것처럼 구세주께서 한 번 말씀하신 것 역시 영원히 효력이 있다고 역설했는데, 로마 가톨릭 교인들은 바로 이 부분을 인용하는 것이다. 그래서 그들의 주장에 따르면, 주님의 말씀보다 자신들의 기도를 더 신뢰하는 사람은 첫째, 주님의 말씀에 결점이 있다고 여기는 것이고 둘째, 자기 자신을 더 신뢰하는 것으

로 보이며 셋째, 성사를 불확실한 것, 즉 인간적인 기도에 종속되게 만들고 마지막으로, 확고하게 믿어야 할 것에 의심을 품게 한다. 왜냐하면, 그들이 말하길, 주님의 말씀만으로 충분하고, 어떤 사람이 바울로 사도와 같은 미덕을 지닐 만큼 거룩하다 하더라도, 하느님께서 그 사람의 기도를 반드시 들어주셔야 할 필요는 없기 때문이다.

2. 이 모든 주장에 대해서 그들의 오류를 증명하는 것은 어려운 일이 아니다.

3. 먼저 그들이 주장하는 성 요한 크리소스토모스의 말에 대해 살펴보자. 그리스도의 "받아먹어라."라는 말씀이 "새끼를 많이 낳아 번성하라."라는 창조적인 말씀과 똑같은 방법으로 작용하는지 살펴보자.

4. 하느님께서는 "많이 낳아 번성하라"(창세기 1:22, 8:17, 9:7 참조)라고 말씀하셨다. 그 이후에는 어떻게 되는가? 하느님께서 이 말씀을 하신 뒤로, 우리에게는 그 말씀을 이루기 위해 더 이상 아무것도 필요하지 않으며, 인구를 늘리기 위한 방법이 필요하지 않다는 것인가? 혼인을 통한 부부의 결합, 그리고 그와 관련된 여러 가지를 신경써야 하지 않겠는가? 그런 것이 없다면 어떻게 인류가 유지될 수 있으며 번성할 수 있겠는가? 따라서 우리는 아이들의 출산을 위해 혼인이 필요하다고 생각하고 그 목적을 위해 기도하지

만, 그렇다고 해서 하느님의 창조적인 말씀을 경시한다고 생각하지는 않는데 그분께서 창조와 출생의 근원이심을 잘 알고 있기 때문이다. 다만 우리가 하느님의 그 말씀을 실천하는 데 있어서 혼인, 양육, 그밖에 다른 요소들이 필요한 것이다. 거룩한 선물을 축성하는 성사에서도 마찬가지다. 우리는 주님의 말씀이 축성을 행한다고 믿는다. 다만 그 축성이 사제를 통해, 즉 사제라는 매개체와 그의 기도를 통해 이루어진다고 본다. 주님의 이 말씀은 단순하게 아무 때나 작용하지 않고 많은 전제가 필요하며, 이 전제들 없이는 결과가 발생할 수 없다. 누가 이 세상에 죄 사함을 가져다준 것이 오직 그리스도의 죽음이었다는 것을 모르겠는가? 그러나 우리는 그분의 죽음 이후에도 회개, 고백, 사제의 기도가 필요하며, 이런 과정이 전제되지 않으면 죄 사함을 받을 수 없다는 것도 알고 있다. 이렇게 하는 이유가, 그리스도의 죽음이 우리의 죄를 사하기에 충분하지 않다고 생각해서 그런 것인가? 혹은 우리의 노력과 참여가 없으면 그리스도의 죽음이 전능한 힘을 갖지 못한다고 생각해서 그런 것인가? 둘 다 절대 아니다.

5. 따라서 선물의 축성을 위해 기도하는 이들에게 이런 비난을 하는 것은 이치에 맞지 않는다. 자신들의 기도에 대한 확신은 스스로에 대한 확신이 아니고, 구하는 것을 주시겠다고 약속하신 하느님에 대한 확신이다. 특히 기도는 자신에 대한 확신과는 정반대의 것을 요구한다. 기도하는 사람은 자신이 구하는 것은 오직 하느님으로부터 찾을 수 있다는 확신이 있기에 기도하는 것이지, 자신에

대한 확신이 있어서 하는 것이 아니다. 그래서 기도하는 사람은 자신에게 의지하지 않고 하느님을 피난처로 삼으며, 자신의 나약함을 인정하고 자신은 능력이 하나도 없음을 받아들여 모든 것을 하느님께 맡기는 사람이다. 그는 이렇게 말한다. "이것은 제 것이 아니며 제 능력 밖에 있습니다. 주여, 저는 당신이 필요합니다. 저의 모든 것을 당신께 맡깁니다."

6. 현실이 이러하다면, 초자연적이고 인간의 모든 이해를 뛰어넘는 성사 같은 경우에는 훨씬 더 그러하다. 단순한 것에 대해 기도를 드릴 때도 하느님에 대한 신뢰가 필요한데 성사에 대해서야 무슨 말이 더 필요하겠는가? 인간은 하느님께서 가르쳐 주시지 않았다면 성사에 대해 생각조차 할 수 없었을 것이고, 하느님께서 알려주시지 않았다면 성사에 대한 갈망조차 품을 수 없었을 것이고, 하느님으로부터, 즉 거짓이 없는 그분으로부터, 성사를 받을 희망이 없었다면 그것을 받으리라고 기대조차 할 수 없었을 것이다. 이처럼 하느님께서 우리가 그것을 청하기를 원하시고 또 청하는 이들에게 주실 준비가 되어 있으심을 분명히 보여주지 않으셨다면 인간은 감히 간청을 드리지도 못했을 것이다. 결과적으로, 모든 것을 베푸시는 주님께서 그것을 주고자 하는 당신의 뜻을 온갖 방식으로 알려주심으로써, 기도는 의심이나 불확실한 것이 아니라 유익한 것임이 드러나게 된다.

7. 이상의 이유로 우리는 성사의 축성이 사제의 기도를 통해 이

루어진다고 믿는다. 그러나 이는 우리가 사람의 능력에 기대서가 아니라 하느님의 능력에 의지하기 때문이다. 즉, 우리는 선물의 축성이 그것을 간청하는 인간에 의해서가 아니라 그 간청을 듣고 계신 하느님으로 인해, 사제의 청원 때문이 아니라 하느님, 곧 진리이신 분께서 그것을 주시겠다는 약속에 의해 이루어진다고 믿는다.

8. 그리스도께서 언제나 이 은총을 우리에게 주시길 원하고 계신다는 사실은 따로 증명할 필요조차 없다. 당신께서 세상에 오셔서 희생당하시고 돌아가신 이유가 바로 그 사실을 증명해주고 있기 때문이다. 제단들, 사제들, 축성에 필요한 모든 것들, 또 모든 계명과 가르침과 조언은 이를 위해 존재한다. 이 모든 것은 이 식탁이 우리 앞에 차려지는 데 필요한 것들이다. 주님께서는 진정한 과월절, 거룩한 감사의 성사를 제자들에게 가르치고 전해주고자 하셨기 때문에, "과월절 음식을 제자들과 함께 나누려고 그토록 고대"(루가 22:15)하셨다. 그래서 주님께서는 제자들에게 다음과 같은 계명을 내리셨다. "나를 기념하여 이 예식을 행하라."(루가 22:19) 이는 우리 인간들이 언제나 이 예식을 거행함으로써 노력하고 참여하길 바라시기 때문이다.

9. 그렇다면 간청드리는 이들이 자신들이 구하는 것을 받을 수 있고, 또 주실 수 있는 분이 그것을 흔쾌히 주실 수 있다면, 간청드리는 사람에게는 어떤 의심이 존재할 수 있겠는가?

10. 그러므로 사제의 기도 속에서 선물의 축성이 이루어진다고 믿는 이들은 구세주의 계명을 경시하거나 자기 자신을 신뢰하는 것이 아니다. 또 로마 가톨릭 교인들이 쓸데없이 우리를 비난하는 것처럼 인간적인 기도 같은 불확실한 것에 성사를 내맡기는 것도 아니다.

11. 또 다른 하나의 증거는 거룩한 성유(Chrism)이다. 경건한 그리스도인들은 거룩한 성유가 효력이 있고 축성을 한다는 것에 대해 그 어떤 의심도 품지 않는다. 아레오파고스의 성 디오니시오스는 거룩한 성유 또한 기도를 통해 거행되고 축성되므로 거룩한 성만찬과 같은 범위에 들어간다고 강조한 바 있다("교회의 질서에 대하여", PG 3:472D, 476C).

12. 마찬가지로 사제나 주교의 서품식 또한 기도를 통해 거행된다. 서품을 주는 이는 서품을 받는 이의 머리에 손을 얹고 큰 소리로 "성령의 은총이 그에게 내리도록 기도합시다."라고 성직자들에게 말한다. 로마 가톨릭교회에서도 주교의 서품 때, 서품을 주는 이가 서품 받는 이의 머리 위에 기름을 부은 후 그에게 성령의 충만한 은총이 내리도록 기도한다.

13. 회개하는 이의 죄 사함도 사제의 기도를 통해 이루어진다.

14. 성유성사 역시도 사제의 기도로 완성된다. 성유성사는 사도

전승이 말하는 것처럼 성사를 받는 이들의 병약한 몸을 치유하고 죄를 사해준다. "여러분 가운데 앓는 사람이 있으면 그 사람은 교회의 원로들을 청하십시오. 원로들은 주님의 이름으로 그에게 기름을 바르고 그를 위하여 기도해 주어야 합니다. 믿고 구하는 기도는 앓는 사람을 낫게 할 것이며 주님께서 그를 일으켜 주실 것입니다. 또 그가 지은 죄가 있다면 그 죄도 용서를 받을 것입니다."(야고보 5:14-15)

15. 그렇다면 성사에서 드리는 기도를 비난하는 사람들은 이 주장에 대해 어떻게 답할 것인가?

16. 그들이 말하는 것처럼 기도의 결과가 확실치 않다면, 사제라는 직분 역시도 불확실하고 성유도 축성의 능력이 있는지 불확실하며 그럼으로써 사제나 제단도 없을 것이기에 거룩한 성만찬 예배의 존재도 불확실해지기 때문이다. 아마 그들조차도 주님의 말씀이 사제나 제단 없이 개인에 의해 말해졌을 때 효력이 있을 것이라고 감히 주장하지는 못할 것이다.

17. 왜냐하면 빵이 놓여지는 제단은 성유로 축성되고, 그 성유는 다시 기도를 통해 축성되기 때문이다.

18. 더 나아가 우리가 사제들의 은사에 대해, 또 그들의 기도와 청원에 대해 의심한다면, 과연 누가 우리에게 죄 사함을 확신 있게

줄 수 있겠는가?

19. 따라서 그런 새로운 주장에 동조하는 것은 결국 그리스도교를 전부 폐지하는 것밖에 되지 않을 것이다. 그러므로 이런 주장을 하는 사람들은 그 덕에 있어 의심의 소지가 있어 보인다. 그리고 그것은 교부들의 전승에 새로운 요소를 만들어 넣는 것이기에 매우 위험해 보이는데, 그러한 새로운 요소는 교부들의 전승 위에 지탱되고 있는 안전을 해치게 될 것이기 때문이다.

20. 하느님께서는 당신께 청원하는 이들에게 응답하시고, 성령을 청하는 이들에게 그것을 주시겠다고 하셨고, 믿음으로 간구하는 이들에게는 그 어떤 것도 불가능한 것이 없다고 직접 말씀하셨기에 이 모든 것은 진리일 수밖에 없다. 그러나, 누군가가 성서 또는 성령의 영감을 받은 거룩한 글들의 어떤 내용을 아무런 준비나 조건 없이 단순히 읽거나 말한다고 해서 이와 똑같은 효력을 지닌다고는 그 어디에서도 언급하지 않고 있다.

21. 교부들은 사도들과 그들의 계승자들에게서 받은 전통을 후대에 전해주었다. 그 전통이란, 모든 신비의 성사, 그중에서도 특별히 거룩한 성찬예배는 기도를 통해서 효력을 갖게 된다는 것이다. 교회의 위대한 스승이신 성 대 바실리오스와 성 요한 크리소스토모스도 다른 많은 교부들이 했던 대로 이런 사실을 확증했다. 따라서 하느님에 대한 믿음을 굳건히 지키고자 하는 이들이라면 이렇

게 교회의 교부나 스승들에 반목하거나 그들을 부정하는 이들에게 어떤 말도 건네서는 안 될 것이다.

22. 거룩한 성사에 대한 주님의 말씀과 관련해서, 일찍이 교회의 사도들이나 스승들 가운데 어느 누구도, 누군가 주님의 말씀을 단순히 아무런 준비나 조건 없이 반복한다고 해서 거룩한 선물이 축성된다고 말하지 않았다. 다른 성인들이 말했듯 요한 크리소스토모스 성인도, 주님께서는 어떤 창조적인 말씀을 하실 때 이것을 단 한 번 말씀하시지만 언제나 효력이 있다고 말했다. 그러나, 주님께서 하신 어떤 말씀을 사제가 단순히 되풀이한다고 해서 그것이 언제나 효력이 있음은 어느 곳에서도 가르치고 있지 않다. 왜냐하면, 창조적 말씀조차도 어떤 사람이 그저 반복하기 때문에 효력을 갖고 역사하는 것이 아니라, 주님께서 한 번 하신 그 말씀에 의해 역사하는 것이기 때문이다.

30. 로마 가톨릭교회에서도 거룩한 선물의 축성 예식이 우리와 같은 방식으로 이루어진다는 것에 대하여

1. 우리를 비난하는 이들의 주장을 잠잠케 할 수 있는 것은 그들이 속해 있는 로마 가톨릭교회도 주님의 축성의 말씀 이후에 선물에 대한 기도를 빼놓지 않고 있다는 점이다. 하지만 그들은 이 점을 잊어버렸는데, 그것은 그들이 그리스도의 말씀 이후에 바로 이어서 기도를 하지 않기 때문이고, 또 선물의 축성과 변화를 분명하게 간청하지 않고 다른 표현을 사용하기 때문인데, 실제로는 그 표현들이 같은 능력과 같은 결과를 가져온다는 점을 그들은 간과하고 있었다.

2. 그렇다면 그 기도는 어떤 것인가? 다음과 같다. "주여, 이 신물들이 천사의 손에 들려 당신의 천상의 제단으로 옮겨지게 명하소서."[11]

---

[11] 기도문 전체는 다음과 같다. "우리는 이것들을 천사의 손으로 당신의 거룩하고 장엄한 보좌 앞 높은 곳에 있는 당신의 제단으로 옮기도록 전능하신 하느님께서 명령해주시길 겸손히 간청하나이다. 그럼으로써 저희 가운데 많은 이들이 제단에 다가감으로써 당신 아들의 지극히 거룩한 몸과 피를 받을 수 있게 될 것이고, 모든 은총과 하늘의 축복으로 충만하게 될 것입니다. 우리의 주님이신 그리스도를 통하여 기도하나이다."

3. "이 선물이 옮겨진다는 것"은 무슨 의미인가?

4. 이는 지상에서 천상으로의 공간적인 상승이나 선물의 겸손한 모습에서 지고한 상태로 드높여 달라는 가치적 상승을 간구하는 것이다.

5. 그런데 만약 전자의 경우, 즉 공간적인 상승을 의미한다면, 기도와 믿음으로 이미 그리스도께서 "세상 끝날까지 우리와 함께 하실 것"(마태오 28:20)이라는 확신이 있는 우리에게 거룩한 선물들이 우리를 떠나 높이 들려 올라가는 것이 어떻게 가능하겠는가? 그리고 그들이 그 선물을 그리스도의 몸으로 여기는 것이라면, 그리스도께서 우리와 함께 지상에 계시면서 또 동시에 당신만이 아시는 방법으로 천상의 "아버지 오른편에 앉아" 계심을 그들은 왜 믿지 않는 것인가? 또 본성상 천상에 속한 그리스도의 몸이, 아직 천사가 들어 올리지 않았다고 해서 어떻게 천상의 것이 아닐 수 있겠는가? 또 현세에서뿐만 아니라 내세에서도 모든 "권세와 세력과 능력과 주권과 모든 이름 위에 계신" 그리스도의 몸이 어찌 천사들의 손으로 높이 들려지는 것이 가능하겠는가?(에페소 1:21, 골로사이 1:18, 히브리 7:3, 묵시록 1:8, 22:13 참조)

6. 만약 더 좋은 상태로의 변화를 위해, 즉 가치적 상승을 위해 기도드리는 것이라고 한다면, 이미 이것이 그리스도의 몸이라는 것을 아는 상태에서 더 좋고 더 성스러운 무언가로 될 것이라는 믿

음이야말로 참으로 불경의 극치가 아니겠는가?

7. 그러므로 로마 가톨릭 교인들은 빵과 포도주가 아직 축성되지 않았다는 것을 아주 잘 알고 있음이 분명하다. 그래서 그들은 아직 기도가 필요하다고 생각하기에 선물을 위해 기도를 드리고, 또 선물들이 아직 희생되지 않고 지상에 있다고 생각하기에 높이 들려 올라가 희생되도록 기도드리는 것이다. 그들은 이를 위해 천사의 손이 필요하다고 믿는데, 두 번째 품계인 인간은 첫 번째 품계인 천사의 도움이 필요하다는 디오니시오스 성인의 언급(PG 3:501-504)을 참조하기 때문이다.

8. 그러므로 지금까지의 설명에 따르면, 로마 가톨릭 교인들은 바로 이 기도를 통해 거룩한 선물을 주님의 몸과 피로 변화시키는 것이 된다. 우리는 그 제단이 우리가 희생 제사를 바쳐야만 하는 하느님께 봉헌된 천상 어딘가에 있는 것으로 생각해서는 안 된다. 그렇게 믿는다면 우리는 예루살렘이나 사마리아에서만 하느님을 예배할 수 있다고(요한 4:20 21 참조) 말하는 이들과 별반 다르지 않기 때문이다. 사도 바울로는 이렇게 말했다. "하느님은 한 분뿐이시고 하느님과 사람 사이의 중재자도 한 분뿐이신데 그분이 바로 사람으로 오셨던 그리스도 예수이십니다."(디모테오 전 2:5) 사도 바울로의 증언처럼 중재를 도모하는 모든 것, 축성을 위해 제공되는 모든 것, 이 모든 것은 바로 구세주 자신이시다. 그렇다면 중재의 능력을 갖고 있고 축성을 베풀 수 있는 것은 무엇인가? 그것은 (예

배를 거행하는) 사제, (예배의 결과인) 제물, (예배가 이루어지는 장소인) 제단이다. 왜냐하면 주님께서 말씀하시는 것처럼 "제단은 선물, 즉 제물을 거룩하게 하는 곳"(마태오 23:19 참조)이기 때문이다.

9. 그런데 그리스도만이 축성을 하실 수 있기 때문에 그분이 곧 사제이시고 제물이시고 제단이 되신다.

10. 이것은 그분께서 직접 하신 말씀을 통해 그대로 드러난다. "나는 이 사람들을 위하여 이 몸을 아버지께 바칩니다."(요한 17:19)

11. 주님께서 제단이라는 사실은 성 디오니시오스의 "성유(Chrism)에 대하여"라는 가르침을 통해서도 확인할 수 있다. "천사들이 헌신을 다하는 예수님은 우리에게도 거룩한 제단이 되시니, 우리도 그분께 가서 우리 자신을 헌신하고 제물로 바칩시다. 이 지극히 거룩한 제단을 영적인 눈으로 바라봅시다."

12. 바로 이 천상의 제단으로 거룩한 선물이 옮겨지도록, 즉 주님의 천상의 몸으로 변화되도록 사제는 간구하는 것이다. 물론 선물이 지상에서 천상으로 옮겨지는 변화를 거치지 않고서이다. 그래서 선물은 기도가 끝난 뒤에도 여전히 우리와 함께 있는다.

13. 제단이 그 위에 놓여있는 제물을 축성하기에, 사제는 선물이 제단 위에 놓여서 축성되도록 기도한다.

14. 제단이 가져오는 축성은 어떤 것인가? 그것은 제단 위에 놓여있는 선물의 축성이다. 그것은 거룩한 대사제이신 주님께서 자신을 하느님께 바쳐 희생함으로써 자기 자신을 성화시킨 바로 그 축성이다(요한 17:19 참조).

15. 그리스도 자신이 사제이시면서 제단이시고 제물이시므로 그분에 의해 선물들이 축성되고, 성스러운 제물로 변화되고, 천상의 제단으로 옮겨지는 것은 모두 똑같은 것이다. 따라서 누군가가 이 세 가지 중의 하나를 위해 간청한다면, 그것은 이 모든 것을 위해 간청하는 것과 같고, 요청한 것을 받은 것이며, 희생 제사가 거행된 것이다.

16. 로마 가톨릭 사제들은 그리스도를 제물로 여기면서, 선물들이 천상의 제단에 옮겨지도록 요청한다. 여러 가지 기도를 통해 요청하는데, 다른 말로써이긴 하나 바로 우리가 간청하는 것과 같은 것을 구하고 있는 셈이다. 반면, 우리 사제들은 먼저 선물들이 그리스도의 몸과 피로 변화되도록 기도를 드린 후에 천상의 제단을 언급하는데, 그렇다고 해서 선물들이 그곳으로 옮겨지기를 요청하는 것은 아니다. 그 선물들은 이미 천상의 제단에서 받아들여졌기 때문이다. 그래서 사제는 "성령의 거룩한 은총과 선물을" 우리에게 보내달라고 간구한다. 사제는 이렇게 기도한다. "축성된 선물을 위해 기도합시다." 이것은 축성을 위한 기도인가? 전혀 그렇지 않다. 선물은 이미 축성이 되었기 때문이다. 그것은 축성된 선물이

우리를 거룩하게 해달라는, 또 그 선물을 축성하신 하느님께서 그것을 통해 우리를 거룩하게 해달라는 기도이다.

17. 그러므로 주님의 말씀 이후에 이어지는 선물 축성을 위한 기도를 경시하는 것은 로마 가톨릭교회의 일반적인 모습이 아니라 새로운 것을 추종하는 일부의 모습임이 분명하다. 그들은 다른 부분을 통해서도 교회에 해를 끼치는 이들로서 "새 것이라면 무엇이나 듣고 이야기하는 것"(사도행전 17:21)에만 관심이 있는 자들에 불과하다.

18. 이상이 해당 기도에 관한 내용이다.

31. 사제는 선물을 축성할 때 왜 아들이 아닌 아버지께 간청하는가?

1. 사제는 왜 대사제이시며 거룩하게 해주시는 성자 아들이 아닌 성부 아버지께 선물의 축성을 간청드리는가?

2. 그것은 구세주께서 사람이 아닌 하느님으로서 축성의 능력을 지니고 계시며, 그 신적인 능력을 아버지와 함께 공동으로 지니고 계심을 일깨워주기 위함이다.

3. 주님께서는 바로 이것을 보여주시기 위해, 성사를 제정하실 때 당신의 눈을 하늘로 들어올리고 빵을 아버지께 봉헌하셨다. 똑같은 이유로 우리는 주님께시 같은 모습, 즉 하느님께 기도하시는 자세로 몇 가지 기적을 행하신 것을 볼 수 있다. 그것은 지상에서 어머니를 가진 당신의 인간적 본성으로 말미암은 역사가 아니라, 하느님을 아버지로 둔 당신의 신성으로 말미암은 것임을 가르쳐준다. 또 주님께서는 십자가에 오르실 때가 되었을 때 당신의 신성과 인성의 두 본성을 보여주고자 하셨다. 그래서 신적인 의지는 하느님께 맡기고 인간적 의지는 당신의 것으로 삼았다. "제 뜻대로 마

시고 아버지의 뜻대로 하소서."(마태오 26:39, 루가 22:42) 주님께서 아버지와 같은 의지를 가지고 계셨다는 것은 위의 말을 통해 드러나는데, 여기서 마치 아버지와 당신의 의지가 분리되어 있는 것처럼 보이지만 그것은 현상적인 것이고 실제로는 그렇지가 않았다. 왜냐하면 "제 뜻대로 하지 마시고 아버지의 뜻대로 하십시오."(루가 22:42)라는 그 말이 아버지와 아들의 의지가 일치하고 있음을 표현해주고 있기 때문이다. 이것은 베드로가 주님께 십자가와 죽음을 피할 것을 권했을 때 주님께서 베드로를 질책하는 데서도 드러난다(마태오 16:22-23 참조). 또한 "내가 고난을 당하기 전에 너희와 이 과월절 음식을 함께 나누려고 얼마나 별러왔는지 모른다."(루가 22:15)라는 말씀 속에서도 잘 나타난다. 주님께서는 '나는 수난 이전에 이 과월절 음식을 간절히 바라왔다'고 말씀하셨는데, 그것은 마치 '나는 수난의 문턱에 이르기를 간절히 바라왔다'고 말씀하시는 것과 같다.

32. 희생 그 자체와 희생되는 것에 대하여

1. 희생의 주제는 우리가 깊이 살펴봐야 할 하나의 화두이다.

2. 이 주제는 그저 비유적인 희생이나 상징적인 피 흘림이 아니라 실제적인 죽임과 희생을 다루는 것이기에, 희생되는 것이 무엇인지, 즉 빵인지 주님의 몸인지 잘 살펴봐야 한다. 다시 말해, 선물은 언제 희생되는 것인지, 축성 이전인지 아니면 축성 이후인지 등을 주의 깊게 들여다봐야 한다.

3. 만일 빵이 희생되는 그것이라면 빵의 희생이란 무엇일까를 생각해봐야 한다. 그리고 성사란 빵의 희생을 보는 것이 아니라 당신의 죽음으로 이 세상의 죄를 없애시는 하느님의 어린 양(요한 1:29)의 희생이라는 점도 깊이 인식해야 한다.

4. 그런데 주님의 몸이 희생되는 것이라면 그것은 사실상 불가능하다고 할 수 있다. 왜냐하면 이 몸은 이미 썩지도 않고 죽지도 않는 불사불멸의 몸(로마 6:9 참조)이 되었기 때문이다. 만약에 그것이

가능하다고 해도 십자가형을 집행할 집행인을 불러야 하고, 희생에 필요한 모든 요소가 전제되어야 한다. 지금 우리가 말하는 이 희생은 상징적 죽임이 아니라 실제적인 죽임에 대한 것이다.

5. 그렇다면 단 한 번 죽으시고 부활하신 후, "다시는 죽는 일이 없고,"(로마 6:9) "천지창조 이후 단 한 번만 수난을 받으시고,"(히브리 9:26) "단 한 번만 제물로 바쳐진 후 많은 사람의 죄를 없애신"(히브리 9:28) 그리스도께 어떻게 이 일이 가능한 것인가?

6. 만일 그리스도께서 매 성찬예배 때마다 희생되신다면 그분은 매일 돌아가시는 것이 된다.

7. 그렇다면 우리는 이 문제에 대해 어떤 답을 할 것인가?

8. 희생은 빵이 축성되기 전이나 그 후에 이루어지는 것이 아니라, 축성되는 그 순간에 이루어진다. 선물의 축성의 신비에 관련한 우리의 이 믿음은 꼭 지켜져야 한다. 다른 생각이 들어오게 해서는 안 된다.

9. 그렇다면 무엇을 믿어야 하는 것인가?

10. 첫째로, 이 희생은 그저 비유나 상징이 아니라 참된 희생이라는 것, 둘째, 희생된 것은 빵이 아니라 바로 그리스도의 몸 그

자체라는 것, 셋째, 하느님의 어린 양의 희생은 하나이며 오직 단 한 번 이루어졌다는 것이다.

11. 그러면 성찬예배가 정말로 비유나 상징이 아니라 실제적인 희생인지를 살펴보자.

12. 양의 희생은 죽임을 당하지 않는 양이 죽임을 당한 양으로의 변화이다. 여기서도 똑같은 일이 일어난다. 빵이 평범한 빵에서 희생된 빵으로 변화된다. 죽임을 당하지 않은 빵에서 실제로 죽임을 당한 진정한 주님의 몸으로 변화된다. 양의 경우에서 보는 것처럼 한 상태에서 다른 상태로의 변화가 희생을 실현하듯이, 여기서도 똑같이 빵에서 주님의 몸으로의 변화로 희생이 실현된다. 상징적인 변화가 아니라 실제적인 죽임-희생이 이루어진다. 즉, 주님의 희생당한 몸으로 변화가 이루어지는 것이다.

13. 만일 빵이 희생되었는데 빵으로 그대로 머물러 있었다면 그때 빵은 희생된 그것이었을 것이다. 그리고 그때 우리는 빵의 희생을 갖게 되었을 것이다.

14. 그러나 이 두 개는 다 변화했다. 곧, 희생되지 않은 빵이, 희생되지 않은 것에서 희생된 것으로 변했고 변화된 빵은 빵이 아닌 그리스도의 몸이 되었다. 그러므로 죽임은 빵이 아닌 그리스도의 몸에서 일어났다. 그리스도의 그 몸이 빵의 자리를 대신했다.

따라서 빵의 희생이 아니라 하느님의 어린 양의 희생이 이루어진 것이다. 실제로 그렇고 그렇게 해석되는 게 마땅하다.

15. 이런 조건 아래에서는 주님의 몸으로 많은 봉헌물이 바쳐질 필요가 없다는 것이 자명해진다. 그리고 어린 양의 죽임 없이, 빵의 변화를 통해, 죽임을 당한 어린 양으로의 희생이 이루어지는 것을 비춰볼 때, 한편으로는 변화가 이루어지지만 다른 한편으로는 그때 죽임이 이루어지지 않는다는 것이 분명히 드러난다. 몸이 하나이고 죽임이 단 한 번 일어났으니, 빵이 그리스도의 몸으로 변화되는 것이 양적으로 많고 횟수로도 수없이 실현된다 해도, 우리를 막을 것이라곤 아무것도 없다.

33. 희생 뒤에 따르는 기도들, 그리고 사제가 성인들과 특별히 지극히 거룩하신 성모님을 기념하는 이유

1. 희생이 완성되면 사제는 이제 하느님의 자비의 보증이신 하느님의 어린 양을 눈앞에서 바라보며 그분을 중보자로 모시면서, 또 성령을 협력자로 모시면서, 하느님께 자신의 간구를 알리고 선하고 확실한 소망으로 청원한다. 특히, 예비제단에서 하느님께 선물을 봉헌하며 그것을 받아달라고 간구했던 이들을 위해 하느님께 청원한다. 그리고 자신의 그 청원을 하느님께서 다 들으셨으니, 이제 그 청원의 결과가 나타날 수 있기를 간청한다.

2. 그러면 그 결과는 어떤 것인가?

3. 그것은 살아있는 이와 죽은 이에게 공통으로 적용되는 것으로서, 하느님께 봉헌한 선물에 대한 보답으로 당신의 은총을 그들에게 보내시는 것이다. 특별히 죽은 이들에게는 영혼의 안식을 주시고, 그들이 덕의 완성에 이른 성인들과 함께 하느님의 나라를 상속받게 해주시는 것이다. 그리고 살아있는 이들은 합당하게 거룩한 식탁에 참여하여 아무도 단죄받지 않고 거룩하게 되는 것이다. 또

한 사제는 하느님께 죄의 사함, 평화, 땅의 풍성한 수확, 우리가 필요로 하는 것에 대한 공급을 간청드리고, 마지막이자 지고의 이상으로, 우리가 천상의 왕국에 합당한 자로 당신 앞에 설 수 있기를 간청드린다.

4. 봉헌물을 바쳐서 예배를 드리는 것은 청원의 희생인 것만이 아니라 감사의 희생이기도 하다. 그렇기에 사제는 예배의 시작 때, 봉헌된 것들을 하느님께 선물로 바치면서 감사를 드림과 동시에 청원을 했던 것과 마찬가지로, 선물이 희생되고 완성된 지금 그것(선물)을 통해 하느님께 감사드리고 청원한다. 즉, 사제는 감사드리는 이유를 열거하고, 자신이 기도하는 이들의 이름을 들어서 밝힌다.

5. 그렇다면 감사의 동기는 무엇인가? 이미 밝힌 대로 성인들이다. 왜냐하면 교회는 구하고자 했던 것을 성인들을 통해 얻었기 때문이다. 기도를 통해 구하고자 했던 것, 곧 하느님의 나라를 성인들 안에서 성취했기 때문이다.

6. 그렇다면 누구를 위해 기도하는가? 그들은 아직 완성에 이르지 못한 이들로서 계속 기도가 필요한 사람들이다.

7. 다음은 성인들에 관련된 사제의 기도 내용이다. "믿음 안에서 안식에 든 모든 이들, 우리 조상들과 선조들과 예언자들, 사도들

과 설교자들과 복음사가들과 순교자들과 믿음의 증거자들, 고행자들, 그리고 믿음 속에서 잠든 모든 의로운 영혼들, 특히 지극히 거룩하시고 정결하시며 복되시고 영화로우신 평생 동정녀 성모 마리아를 위하여 온당한[12] 이 예배를 주께 드리나이다." 이렇게 사제는 모든 성인의 무리를 기억한다. 이들이 바로 하느님께 감사를 드리는 이유가 된다. 교회는 이들을 위해, 특히 지극히 복되신 하느님의 어머니를 위해 하느님께 감시하는 마음으로 이 '온당한 예배'를 바친다. 특별히 테오토코스를 기리는 이유는, 그분은 하느님의 어머니로서 모든 거룩함을 뛰어넘기 때문이다. 따라서 사제는 성인들을 위해서는 아무것도 청하지 않고 오히려 자신이 성인들의 기도로 도움을 받을 필요를 느낀다. 이미 밝힌 바와 같이 선물을 청원이 아닌 감사로서 그들을 위해 바치는 것이기 때문이다.

8. 그 다음으로 사제는 청원을 드리고, 자신이 기도해주는 이들의 이름을 호명한다. 그리고 모든 이들의 구원과 각자에게 필요하고 유용한 것들을 요청한다. 사제가 드리는 기도 일부를 살펴보자. "또한 전 세계를 위하여, 거룩하고 공번되고 사도로부터 이어오는 주의 교회를 위하여, 정결하고 영예로운 삶을 영위하는 이들을 위하여, 그리고 믿음 깊으며 그리스도를 사랑하는 우리의 위정자들을 위하여 이 온당한 예배를 당신께 바치나이다." 이런 내용들이 사제가 드리는 청원이다.

---

[12] 인간과 같이 올바르고 합리적인 생각을 가진 이성적인 존재가 드리는 예배를 뜻한다.

9. 성 요한 크리소스토모스는 이 성스러운 희생의 두 면, 곧 감사와 청원을 지목하면서 감사를 드리는 이유가 되는 이들과 청원(기도)의 대상이 되는 이들을 구분해 배치한다. 반면에 성 대 바실리오스는 감사와 청원을 하나로 묶는다. 이것은 성 대 바실리오스의 예배 전 부분에서 확인되는데, 그의 모든 기도는 이러한 이중 목적을 가지고 있다. 또한 성 요한 크리소스토모스가 예배 속에서 성인들을 기념하는 것처럼 그 또한 성인들을 기념하는데, 다른 방식으로 한다. 즉, 그는 모두가 심판과 단죄를 받지 않고 성사에 합당하게 참여할 수 있도록 기도를 드린 후에 "모든 세대에서 당신을 기쁘게 해드렸던 모든 성인들, 우리의 조상들과 선조들과 함께 우리가 은혜를 입을 수 있기를 바라나이다."라고 부언한다. 그러고 나서 그는 "지극히 거룩하고 정결하고 복되시고 영화로우신 테오토코스 성모 마리아"에 대한 기도를 드린다. 이런 말들은 청원의 의미도 담고 있지만 감사도 표현하고 있다. 왜냐하면 인류 속에서 하느님의 은총으로 완전함에 도달해 성인이 된 이들을 기억함으로써, 인류에게 은혜를 베풀어 주시는 분이 하느님이심을 선포하고 있기 때문이다. 이는 마치 다음과 같이 말하는 것이다. "당신께서 예전에 성인들에게 주신 그 은총을 저희에게도 베푸소서. 당신께서 예전에 인류 가운데서 수많은 사람을 거룩하게 하신 것처럼 저희도 거룩하게 하소서." 이 주제에 대해서는 이것으로 충분히 설명되었을 것이라고 본다.

34. 사제가 자기 자신을 위해 요청하는 것에 대하여, 그리고 교인들에게 기도하도록 촉구하는 것에 대하여

1. 사제는 모든 이들을 위해 마땅히 드려야 할 기도를 다 드린 후에 자신 또한 거룩한 선물로 말미암아 거룩하게 될 수 있도록 기도드린다.

2. 어떤 거룩함을 말하는 것인가? 죄의 사함이다. 이것이 바로 선물이 우리에게 미치는 주된 효과이다. 어디에서 이것을 알 수 있는가? 주님께서 사도들에게 빵을 가리키면서 말씀하신 데서 알 수 있다. "이는 너희들의 죄 사함을 위하여 떼어내는 내 몸이니라."(마태오 26:28, 고린토 전 11:24 참조) 잔의 경우도 이와 동일히다.

3. 사제는 말한다. "주님, 자격이 없는 저 또한 기억하소서. 그리고 알게 모르게 저지른 저의 모든 잘못을 용서하소서. 또한 이 선물에서 나오는 당신의 성령의 은총을 우리의 죄 때문에 거두지 마소서."

4. 성령께서는 성스러운 선물을 받아 모시는 이들에게 죄의 사함을 베푸신다. 사제는 선물로부터 나오는 이 은총이 자신의 죄로 인해 방해받지 않길 기도한다. 왜냐하면 은총은 거룩한 선물에 두 가지 방법으로 역사하는데, 하나는 은총이 선물을 축성하는 것이고, 또 다른 하나는 은총이 선물을 통해 우리를 거룩하게 하는 것이기 때문이다.

5. 첫 번째 방법, 곧 선물의 축성은 그 어떤 인간적인 악의 작용이 있어도 방해를 받지 않는다. 축성은 인간의 덕의 결과가 아니기 때문이다. 따라서 인간의 악으로 그것을 방해하는 것은 불가능하다.

6. 은총이 역사하는 두 번째 방법은 우리의 노력을 필요로 한다. 따라서 그것은 우리의 무관심이나 부주의로 인해 방해받을 수 있다. 다시 말해 선물을 통한 은총은 우리가 거룩하게 될 준비를 적절히 갖추었을 때 우리를 거룩하게 해준다. 만약 우리가 준비되어 있지 않은 영혼의 상태라면, 우리에게 유익은 고사하고 오히려 큰 해를 입힌다. 아무튼 사제는 이 은총이 죄의 사함이든, 죄의 사함과 더불어 깨끗한 양심으로 이 만찬에 참여하는 이에게 주어지는 또 다른 선물이든 관계없이 그것이 선물에 내려오는 데 방해가 되지 않기를 기도한다. 이 은총은 인간의 사악함에 의해 방해를 받을 수 있기 때문이다.

7. 사제는 모든 이들이 같은 생각, 같은 정신을 가지도록 기도를

드린 후에 모든 교인들과 함께 "그리하여 우리가 모두 한 마음으로 입을 모아 … 찬송하게 하소서."라고 기도한다. 그리고 교인들에게 그러한 마음가짐을 가지도록 권면한 후에 "위대하신 하느님 우리 구세주 예수 그리스도의 자비가 여러분과 함께 있으리이다."라고 교인들에게 약속을 한다. 그런 후에 사제는 교인들에게 자신이 올렸던 그 기도를 드리자고, 즉 성인들이 우리를 도울 수 있게 하느님께 간구하자고 권유한다. 이것이 "모든 성인들을 생각했으니"라는 의미이다.

8. 사제가 기도 속에서 선물에 대해 어떻게 표현하는지 보자. "봉헌되고 축성된 고귀한 이 예물을 위해 주님께 기도드립시다." 즉, 사제는 선물이 축성 받게 되기를 위해 기도하는 것이 아니라(나는 여러분이 이처럼 생각하지 않도록 하기 위해 그것을 "축성된"이라고 불렀다) 선물이 우리를 거룩하게 해주도록 기도하고 있는 것이다. 이것은 '자애로우신 하느님께서 이 선물을 받으신 후에 그 답례로 우리에게 당신의 은총과 성령의 은사를 베푸시는 것'을 의미한다. 다시 말해 사제는 이렇게 말하고 있는 것과 같다. "우리에게도 이 은총이 역사하도록 기도합시다. 주님의 전능하신 그 몸이 믿지 않았던 이들로 인해(마태오 13:58, 마르코 6:5-6 참조) 일부 도시에서 기적을 행하지 못했던 때처럼 은총이 우리에게 역사하지 않는 상황을 만들지 맙시다."

9. 사제는 이 청원들을 큰 소리로 드린 후, 혼자 낮은 소리로 하

느님께 이렇게 간구한다. "우리로 하여금 깨끗한 양심으로 성스럽고 영적인 이 제단에서 행해지는 천상의 성찬에 참여하기에 합당한 자 되게 하소서. 그리하여 우리 허물과 죄를 사함 받게 하시고 우리에게 성령의 친교를 주시고 하늘나라를 상속받게 하시고 단죄 받지 않게 하소서."

10. 이어서 사제는 하느님의 은총으로 교인들을 보호하고 도와주실 것을 기도드린 후에, 하루하루가 "온전하고 거룩하고 평화롭고 또 죄 없는 날"이 되도록 요청한다. 또 우리의 관심사를 거짓된 천사에게 맡겨 우리의 안전을 해하는 어리석은 일을 하지 않도록, "믿음직한" 평화의 천사를 보내달라고 간구한다. 또 우리는 수호천사에 대해 간청드리는데, 모든 교인은 처음부터 자신의 수호천사를 가지고 있기에 이때 이 간청은 수호천사를 보내달라는 간청이 아니라, 수호천사가 밤새 우리를 지켜주며 바른길로 인도해주고 우리의 죄 때문에 분노해서 우리를 떠나지 않도록 해달라는 기도이다.

11. 이 외에도 사제는 죄의 사함과 우리 영혼에 유익한 모든 좋은 것, 그리고 세상의 평화를 위해 기도한다. 또한 앞으로 우리에게 남은 시간을 회개와 평화 속에 지내서 우리가 그리스도인답게 생을 마칠 수 있기를 간청한다. 그리고 나서 사제는 성령의 친교와 믿음의 일치를 요청한 후에, 우리 자신과 서로를 그리고 우리의 온 생명을 하느님께 맡길 것을 권면한다.

12. 우리는 성령의 친교와 믿음의 일치가 무슨 의미인지, 그리고 무슨 이유로 그것들을 청원하는지 이미 앞에서 길게 설명하였다 (14장).

35. 주기도문과 머리 숙임, 그 이후에 하느님께 드리는 감사, 기도, 찬양에 대하여

1. 사제는 위의 모든 것을 통해 하느님에 대한 교인들의 믿음을 더욱 굳건히 해주고 선을 고취시킨다. 그리고 모든 준비가 완료된 지금 교인들이 하느님의 자녀가 되기에 완전하고 합당한 상태라 여기고, 그들이 자신과 함께 떳떳하고 단죄됨이 없이 용기 내어 하느님을 아버지로 부를 수 있게 해달라고 간청드린다. 교인들이 사제와 함께 주기도문 봉독을 끝내면, 사제는 큰 소리로 "나라와 권세와 영광이 성부와 성자와 성령의 것이나이다."라고 하느님께 영광을 돌리며 이 기도를 마무리한다.

2. 이어서 사제는 모든 이에게 평화를 빌어준다. 우리가 주기도문에서 하느님을 아버지로 부르면서 우리의 고귀한 출신을 확인하고 나면, 사제는 교인들에게 하느님을 지극히 높으신 그들의 주님과 주관자로도 받아들일 것을 권면하고, 종의 심정으로 그분께 머리를 숙여 그분이 자신들의 주인임을 고백하도록 요청한다. 그때 교인들은 하느님께 머리를 숙이는데, 그것은 그분이 주님이고 창조주인 하느님이시기 때문만이 아니라, 당신 외아들의 피로 우리

를 사심으로써 우리가 그분의 종이라는 사실도 함께 보여주기 위함이다. 이렇게 하느님께서는 우리를 두 번 종으로 삼으셨는데, 동시에 우리를 당신의 아들로도 삼으셨다. 그리스도의 피는 우리를 더욱 예속시킴과 동시에 우리를 하느님의 자녀가 되도록 만들어 주었기 때문이다.

3. 교인들이 머리를 숙이는 동안, 사제는 그들을 대신해 무에서 만물을 창조하신 하느님께 감사드린다. 그리고 이 선물이 각자의 필요에 따라 모든 이에게 유익이 되게 해 달라고 간구한다. 또 "너희가 내 이름으로 아버지께 구하는 것이면 아버지께서 무엇이든지 주실 것이다."(요한 16:23)라는 구세주의 말씀에 따라, 자신의 청원이 성취될 수 있도록 외아들의 이름과 은총과 자비를 언급한다. 이후에 사제는 교인들이 들을 수 있도록 큰 소리로 하느님께 영광을 바치고, 교인들은 사제와 함께 지극히 거룩하신 삼위일체를 찬양한다.

4. 이후에 사제는 낮은 소리로 기도를 드린다. 기도를 통해 그리스도이시며, 죽임 당한 분이시며, 대사제이시며, 성체이신 분께서 당신 손으로 직접 사제와 모든 교인에게 당신의 성체와 성혈을 나누어주시기를 간구한다.

36. 사제가 거룩한 선물을 들어 올리며 큰 소리로 말하는 것과 그에 대한 신자들의 응답

1. 성찬에 참여하는 일이 누구에게나 허락되는 것이 아님을 알고 있는 사제는, 거룩한 제단에서 주님의 몸과 피를 받아 모실 시간이 다가오고 교인들에게도 그것을 받아 모시도록 부를 때가 다가왔을 때 모든 사람이 성체성혈을 받도록 부르지는 않는다. 그는 손에 축성된 빵을 높이 들어 사람들에게 보이면서, "이 거룩한 몸과 피는 거룩한 이들에게 합당하나이다."라는 외침으로 주님의 몸과 피를 받기에 합당한 자격이 있는 사람들을 부른다. 이는 곧 "여기 여러분의 눈앞에 생명의 빵이 있습니다. 어서 와 그 빵을 받아먹으십시오. 하지만 아무나 받아먹으려고 하면 안 됩니다. 오직 거룩한 이들만 오십시오. 거룩한 것은 모든 사람에게 허용되는 것이 아니라 거룩한 이들에게만 허용되기 때문입니다."라고 말하는 것과 같다. 여기서 거룩한 사람은 완전한 덕에 이른 사람을 가리키지만, 아직 완덕에 이르진 못했으나 그곳에 이르려고 투쟁하는 사람들도 가리킨다. 완성에 이르기 위해 투쟁하는 이들은 성사에 참여하고 거룩해지는 것에 제약을 받지 않기 때문이다. 따라서 이런 관점에서 그들 역시 거룩한 이들이라 할 수 있다. 그것은 모든 교회를 거룩하

다고 말하는 것과 같은 이치다. 사도 바울로는 그리스도 공동체에 보낸 서신에서 형제들을 "성도, 하늘의 부름을 받은 참여자"(히브리 3:1 참조)로 칭했다. 교인들이 성도, 즉 거룩한 사람으로 불리는 것은 거룩한 몸과 피를 받아먹기 때문이다. 그들은 같은 몸의 지체로서 그분의 살에서 나온 살, 그분의 뼈에서 나온 뼈이다. 우리가 그분과 하나로 연합되어 이 조화로운 관계를 유지하는 한, 우리는 성사를 통해 생명을 얻고 성화된다. 즉, 그분의 머리와 가슴에서 나오는 거룩함을 경험하며 살아간다. 하지만 우리가 지극히 거룩하신 그분의 온전한 몸에서 분리되거나 잘려서 떨어져 나온다면, 우리가 거룩한 성사에 참여하는 것은 헛된 것이 되고 만다. 왜냐하면 생명은 죽거나 잘린 지체에는 이르지 못하기 때문이다.

2. 그러면 무엇이 이 거룩한 몸으로부터 그 지체를 잘라낼 수 있는가? "나를 너희로부터 떼어낸 것은 바로 너희의 죄이다."(이사야 59:2 참조)라고 하느님은 말씀하신다.

3. 그렇다면 모두 죄가 사람에게 죽음을 가져오는가?

4. 그렇지 않다. 죽을죄만 그렇다. 그래서 그것을 '죽음에 이르게 하는' 죄라고 부른다. 요한 복음사가는 죄에는 죽음에 이르는 죄와 죽음에 이르지 않는 죄가 있다고 밝힌다(요한 1서 5:16-17 참조). 따라서 세례 받은 교인들이 그리스도로부터 떨어져 죽음에 이르게 되는 그런 죄를 짓지 않았다면 '머리'이신 그리스도와 하나로

결합되어 생명을 유지하는 지체로 그대로 남아 있기에, 명목상뿐만 아니라 실제로도 성체성혈을 받아 모시고 성화되는 데 제약을 받지 않는다.

5. 그래서 사제가 "거룩한 몸과 피는 거룩한 이들에게 합당하나이다."라고 말할 때, 교인들은 "거룩한 분은 주님 한 분, 주 예수 그리스도는 하느님 아버지를 영접케 하는 도다."라고 대답하는 것이다. 왜냐하면 아무도 그분의 거룩함을 갖고 있지 못하기 때문이며, 그것은 인간적인 덕의 결과가 아니라, 그분으로부터 그리고 그분을 통해서 모든 이에게 오기 때문이다. 그것은 수많은 거울을 태양 아래 두었을 때 우리가 마치 수많은 태양을 보고 있다고 생각하는 것과 같은 이치이다. 그러나 사실 거기에는 단 하나의 태양만이 빛을 내고 있을 뿐이다. 이처럼 거룩하신 분은 예수 그리스도 오직 한 분뿐이시다. 그분은 (성체성혈 성사를 통해) 교인들과 함께 하시며, 수많은 영혼 속에서 빛나시고 많은 성인들을 드러내시지만, 당신 홀로 하느님 아버지의 영광 속에서 거룩하시다. 그 어느 누구도 하느님께 마땅히 드려야 할 영광을 제대로 드리지 못했다. 그래서 하느님께서는 유대인들을 강하게 질책하시면서, "만일 내가 하느님이라면 내 영광은 어디 있느냐?"(말라기 1:6)[13]라고 말씀하셨다. 오직 외아들만이 하느님께 마땅히 바쳐야 하는 그 영광을 드렸다. 그래서 외아들 예수 그리스도께서는 수난이 다가왔을 때 성부 아버

---

13. 70인역 참조

지께, "나는 세상에서 아버지의 영광을 드러냈습니다."(요한 17:4) 라고 말씀드린 것이다. 그렇다면 어떤 방법으로 하느님의 영광을 드러냈을까? 그것은 다름이 아니라 바로 사람들에게 아버지의 거룩하심을 드러내는 것이었다. 그리고 그것은 성부 아버지가 거룩하신 것처럼 주 예수 자신도 거룩함을 보여주는 것이었다. 왜냐하면 성부 하느님은 주 예수 그리스도의 아버지로서, 그리스도의 신성한 광채로 인해 영광을 받으시기 때문이다. 또한 성부 하느님은 인성을 창조하신 분으로서 영광을 받으시는데, 그 이유는 그리스도가 인간 본성을 영화롭게 하고 신화(神化) 시켰기 때문이다. 이렇게, 피조물이 갖는 위대한 가치는 그를 창조한 창조주께 영광을 돌린다.

37. 성사에서 뜨거운 물을 붓는 것의 의미

1. 사제는 교인들을 성스러운 만찬에 함께 참여할 것을 독려한 후에 먼저 자신이 주님의 몸과 피를 받아 모신다. 이어서 성직의 서열에 따라 사제들, 그리고 제단 주변에서 봉사하는 이들이 차례로 주님의 몸과 피를 받아 모신다. 그런데 사제는 이것에 앞서 뜨거운 물을 성작 안에 붓는데, 이는 성령께서 교회에 내려오심을 의미한다. 성령께서는 구세주의 구원 사역이 완성되었을 때 내려오셨기 때문이다. 성령께서는 희생 제물이 봉헌되고 거룩한 선물이 완전함에 이른 지금, 합당하게 성체와 성혈을 받는 이들에게 내려오신다.

2. 그리스도의 모든 구원 사역은 화폭 위에 그려진 것처럼 성찬예배 속에서 재현되었다. 우리는 그 속에서 어린 아기로서의 그리스도를, 또 죽음으로 나아가고 십자가에 못 박히고 창으로 옆구리를 찔리는 그분을 시각적으로 보기 때문이다. 그런 후에 우리는 봉헌된 빵이 수많은 수난을 겪고, 부활하고, 승천하고, 아버지의 오른편에 앉아 계시는 지극히 거룩하신 그 몸으로 변화되는 것을 본

다. 성찬예배에서 우리는, 앞서 언급한 것 외에도, 구세주 그리스도의 사역이 인류에게 가져다준 결과도 보아야 한다.

3. 그렇다면 그리스도의 수난과 사역과 말씀의 역할과 결과는 무엇인가? 인간적인 관점에서 그것을 바라본다면, 즉 인간적인 면에서 그 의미를 살펴본다면, 그것은 성령이 교회에 내려오시는 것 외에 다른 의미를 갖지 않는다. 따라서 그리스도의 사역의 재현 이후에 성령이 오시는 것에 대한 재현도 꼭 이루어져야만 했다. 그리고 그것은 성사 안에서 성작에 뜨거운 물을 붓는 것으로 표출된다.

4. 물인 동시에 불의 속성도 내포하고 있는 이 물은 성령을 나타낸다. 성령은 '물과 불'로 불리는데, 그때(즉, 오순절 때) 그리스도의 제자들 위에 불처럼 내리셨다.

5. 성사 속에서 '뜨거운 물'이 부어지는 그 순간은 오순절을 의미한다. 성령께서는 그리스도의 모든 사역이 완수되었던 그때 내려오셨다. 선물이 완성되고 축성된 지금, 성령은 그 선물 위에 더해진다.

6. 교회 또한 성사로 표현된다. 교회는 "그리스도의 몸이고 한 사람 한 사람은 그 지체이다."(고린토 전 12:27) 교회는 그리스도께서 승천하신 후에 성령을 받았다. 그리고 '천상의 제단'에서 선물이 받아들여진 지금, 성령의 선물들을 받는다. 선물을 기쁘게 받아들이

신 하느님께서는, 앞서 언급되었듯, 그 보답으로서 성령을 우리에게 보내신다. 왜냐하면 그때나 지금이나 중재자는 똑같은 분이시며, 성령도 그때나 지금이나 같은 분이시기 때문이다.

38. 거룩한 신비는 어떤 방법으로 교회를 표현하는가?

1. 교회는 거룩한 신비 안에서 드러난다. 그것은 성사 안에서의 상징으로서가 아니라 마치 몸의 심장과 각 부분의 관계처럼, 식물의 뿌리와 가지의 관계처럼, 그리고 주님께서 말씀하신 포도나무와 그 가지의 관계처럼(요한 15:5 참조) 드러난다. 여기에는 공통의 이름이나 비례하는 유사성만 있는 것이 아니라 실질적인 일치가 있기 때문이다.

2. 그것은 거룩한 신비는 그리스도의 몸과 피로서, 교회에게 참된 '양식'과 참된 '음료'가 되기 때문이다. 우리가 이것을 받아 모실 때, 일반적인 음식에서 일어나는 것과는 달리 참된 '양식'과 참된 '음료'는 인간의 몸으로 변화되지 않고, 인간의 몸이 그리스도의 몸과 피로 변화되는데, 이는 더 높고 신성한 요소가 지상의 것을 정복하기 때문이다. 그것은 쇠가 불과 접촉하면 불로 바뀌는 이치와 같다. 즉, 쇠가 불덩어리가 되지 불이 쇠가 되지 않는다. 쇠가 불 속에 들어가 불이 되어 버리면 쇠의 성질은 불에 의해 다 사라져 버리는 것처럼, 누군가 교회가 그리스도와 하나로 결합되어 그분

의 몸을 이루고 있음을 볼 수 있다면 그의 눈에는 주님의 몸밖에 보이지 않을 것이다. 이런 이유로 사도 바울로는, "여러분은 다 함께 그리스도의 몸을 이루고 있으며, 각자는 그 지체입니다."(고린토전 12:27 참조)라고 쓴 것이다. 사도 바울로가 여기서 그리스도를 '머리'로 말하고 우리를 '몸'으로 말할 때, 그는 우리에 대한 하느님의 섭리를 드러내거나, 흔히 우리가 친지나 친구들을 ‒ 좀 지나치게는 ‒ '오른팔'이나 우리 사람이라고 부르는 것처럼, 그분을 우리의 인도자나 조언자로 드러내려 한 것이 아니다. 그것이 아니라, 교인들이 그리스도의 피로 인해 이미 그리스도 안에서 생명을 누리고 있으며, 그 머리에 의지하며 그리스도의 몸을 입고 있음을 밝히려 했던 것이다.

3. 이것이 바로 거룩한 신비를 통해 교회가 표현된다고 말할 수 있는 이유이다.

39. 성체성혈로 교인들을 초대하는 것과 교인들이 선물 앞에서 말하는 것에 대하여

1. 사제는 주님의 몸과 피를 받아 모신 후에, 교인들에게 돌아서서 주님의 몸과 피가 담긴 성작을 높이 들어 보여주며 성체성혈을 받아 모시고자 하는 이들이 "하느님에 대한 경건한 마음과 믿음과 사랑으로" 가까이 오도록 초대한다. 즉 사제의 이 초대는 교인들에게, 겸손한 모습으로 오시는 그리스도를 경시하지 말고, 이성을 초월하는 믿음의 대상에 대해 주저하거나 의심을 품지 말며, 이 거룩한 친교(성체성혈 성사)가 그것을 받아 모시는 이들에게 영원한 생명의 근원이 된다는 것을 인식하고 그러한 믿음으로 나오라고 권하는 것이다.

2. 교인들은 자신들의 경건함과 믿음을 보여주기 위해 빵과 포도주의 모습 속에 감춰져 있는 예수님의 신성에 경배하고 영광 돌리며 그 신성을 선포한다. 또 교인들은 그들이 바치는 영광을 더욱 빛내기 위해 예언자 다윗의 말을 빌린다. "주의 이름으로 오시는 이여, 찬미 받으소서." "주, 하느님께서 우리에게 나타나셨다."(시편 118:26-27) 주님께서는 다음과 같이 말씀하신다. "내가 내 아버

지의 이름으로 왔지만 너희는 나를 받아들이지 않는다. 그러나 아마 다른 사람이 자기 이름을 내세우고 온다면 너희는 그를 맞아들일 것이다."(요한 5:43) 성부를 영화롭게 하는 것이 바로 합당하신 주님, 외아들이신 주님의 특징이다. 반대로 도망치는 종의 특징은 무례함과 반란이다. 이것을 잘 알고 있었고, 늑대와 선한 목자의 차이를 잘 인식하고 있었던 다윗 예언자는 아주 오래전부터, 주님의 이름으로 오시는 그분(그리스도)께 영광을 돌렸다. 그는 성부 하느님을 주님으로 인식하면서, 우리에게 나타나신 그분(그리스도)을 하느님으로 선포한다. 교인들도 바로 이런 말로써, 성찬예배의 이 순간에, 그들에게 오셔서 나타나시는 그리스도께 영광을 돌린다.

40. 성체성혈을 받아 모신 교인들을 위한 사제의 기도에 대하여

1. 교인들이 성체성혈을 마치면 사제는 하느님께서 그들을 축복하고 구원해 주실 것을 기도한다. 그 기도는 다음과 같다. "하느님이시여, 당신의 백성을 구원하시고 당신의 유산을 축복하소서."(시편 28:9)

2. 이 말은 아주 예언적이라 할 수 있는데, '유산'이라는 단어는 다음과 같이 구약에서부터 등장한다. "만방을 너에게 유산으로 주리라. 땅끝에서 땅끝까지 너의 것이 되리라."(시편 2:8) 성부가 성자에게 한 이 말은 성자가 하느님으로서 영원 이전부터 가지고 있던 그것을 때가 되어 인간이 되었을 때 유산처럼 물려받게 된 것에 대한 예언이다.

3. 그렇다면 성자 당신이 우리의 창조주이신데 왜 사제는 "당신께서 지으신 당신의 창조물들을 축복하소서."라고 말하지 않고, "'당신의 유산'을 축복하소서."라고 말하는가? 이는 우리 때문에 겪으신 당신의 고난을 상기시켜 우리에게 자비를 더 내리시도록 하기

위함이다. 즉, 사제는 마치 이렇게 말하는 것과 같다. "당신께서는 인간을 위해 종이 되기를 받아들이시고, 명령을 따르시고, 모든 것을 가지셨지만 받는 이들 사이에 거하시고, 필요한 것이 아무것도 없으심에도 상속자라는 소리를 들으셨으니, 이들의 영혼을 위해 당신께 기도드립니다."

4. 이 밖에도 그리스도와 우리의 가깝고도 밀접한 관계를 상기시키는 것은 주님께서 우리에게 더 큰 자비를 내리시도록 하는 일이기도 하다. 상속은 창조보다 더 가까운 관계를 만들어준다. 성자께서는 상속을 통해 우리를 소유하실 때, 우리를 창조하심으로써 하는 것보다 훨씬 더 높고 훌륭하게 소유하신다. 그분은 창조를 통해서는 인간의 본성에 대한 주권만을 지니셨지만, 상속을 통해서는 우리 인간의 생각과 의지의 주님이 되셨고, 따라서 인간에 대한 참된 권세를 지니게 되셨기 때문이다. 우주 만물은 다 하느님의 피조물로서 창조주 하느님께 속해 있기에, 창조는 인간뿐만 아니라 이성이 없는 동물이나 영혼이 없는 무생물에도 다 해당되는 것이다.

5. 그렇다면 주님께서는 어떻게 상속을 통해 우리의 생각과 의지에 대한 주권을 가지게 되신 걸까? 그것은 지상으로 내려오셔서 십자가에 못 박히시고 부활하신 그분께 우리가 우리의 생각과 의지를 복속시켰기 때문이다. 우리는 그분을 참된 하느님으로서 또 모든 피조물의 지배자로서 알게 되면서 그분께 우리의 생각을 복속시켰고, 또 우리가 그분을 사랑하고 그분의 지배와 그분의 십자가를 기

쁜 마음으로 짊어지면서 우리의 의지를 복속시켰다.

6. 하느님께서는 이렇게 인간을 완전하게 소유하게 되셨다. 이사야 예언자는 먼 옛날부터 이 소유를 갈망하며 이렇게 외쳤다. "우리 주 하느님이여, 우리를 가지소서."(이사야 26:13 참조)

7. 이것이 성서가 말하고 있는, 아들이 아버지로부터 받은 상속이다. 바로 이것을 사제가 기도 속에서 말한다.

41. 이어지는 감사와 영광에 대하여

1. 여기서 성찬예배, 거룩한 감사의 예배는 끝이 난다. 선물은 성화되었고 사제와 백성을 축성했다. 그리고 그것을 통해 교회의 나머지 회중들도 축성되고 완전하게 되었다.

2. 그러므로 이제 사제와 교인들은 하느님께 드리는 감사와 찬양으로 끝을 맺는다. 사제는 이렇게 외친다. "우리 하느님은 이제와 항상 또 영원히 찬미 받으시도다. 아멘."

3. 회중은 시편의 본문에서 따온 성가의 도입부를 부른다. "오, 주여, 우리의 입이 당신께로 향한 찬양으로 가득 차게 하셔서 우리가 당신의 영광을 찬양하게 하소서."(시편 71:8) 이는 다음과 같이 말하는 것이다. "주여, 우리는 당신께서 베푸신 은혜에 대해 찬미가를 바칠 자격이 없으나, 우리의 입을 영광으로 가득 채우셔서 우리가 당신께 찬미를 바치게 하소서. 그리고 당신께서는 무엇을 어떻게 구해야 하는지를 알도록 기도하는 이들에게 기도를 가르쳐 주신 분이시니 우리의 입술에 힘을 주시어 당신께 영광 돌릴 수 있게

하소서."

4. 이어서 교인들은 자신들이 받은 축성이, 그분의 도움으로 그들 안에 머물러 있으며 자신들이 은총을 배반하지 않고 받은 선물을 잃지 않도록 바라면서 다음과 같이 성가를 계속부른다. "저희를 당신의 거룩함 속에 지켜 주소서." 그렇다면 우리가 해야 할 것은 무엇인가? 왜냐하면 우리가 할 수 있는 것은 해야 하기 때문인데, 그것은 바로 성가에서 나타나듯 "온종일 당신의 의로우심을 묵상하는 것"이다. 여기서 정의는 성사 안에서 드러나는 하느님의 지혜와 사랑을 뜻하는데, "나는 그리스도의 복음을 부끄럽게 여기지 않습니다. 왜냐하면 그것은 믿는 사람이면 누구에게나 구원을 가져다주는 하느님의 능력이기 때문입니다."(로마 1:16 참조)라는 사도 바울로의 말이 바로 이것을 의미했다. 이 정의에 대해 묵상하는 것은 우리 안에 거룩함을 보존해주는 힘이 있는데, 그 이유는 하느님에 대한 우리의 믿음을 배가시키고, 사랑을 불태우며, 우리 영혼에 사악한 생각이 스며들지 못하게 하기 때문이다. 따라서 우리가 이전부터 말해왔던, 신적인 신비에 합당한 생각 없이는 성화가 있을 수 없으며 또 그것이 우리 위에 머무를 수 없다는 말이 옳았음이 확인된다.

42. 돌아가신 교인들도 살아있는 이들처럼 거룩한 선물로부터 성화되는가?

1. 우리가 깊이 다뤄봐야 할 또 다른 주제가 있다.

2. 신성하고 거룩한 이 예식은 두 가지 방법으로 축성을 한다. 첫 번째는 중재이다. 봉헌된 선물은 봉헌된다는 사실만으로도 봉헌한 이들을 축성하고, 또 봉헌을 통해 기념되는 이들을 축성한다. 그리고 하느님을 자비로운 분으로 만든다. 두 번째는 주님의 몸과 피를 받아 모시는 것이다. 왜냐하면 주님의 말씀처럼 그것은 참된 양식이고 참된 음료이기 때문이다(요한 6:55).

3. 이 두 가지 방법 중에 첫 번째는 산 이와 죽은 이 모두에게 해당하는데, 이는 희생 제사가 양쪽 모두를 위해 봉헌되기 때문이다. 두 번째는 살아있는 이들에게만 가능하다. 죽은 자들은 먹거나 마실 수가 없기 때문이다. 그렇다면 이는 무엇을 의미할까? 죽은 자들은 성체성혈을 통해서 오는 축성의 은혜를 전혀 받지 못하고 살아 있는 자들보다 수혜를 적게 받는다는 것인가? 전혀 그렇지 않다. 주님께서는 당신만이 아시는 방법으로 그들도 축성하시기

때문이다.

4. 이 점을 증명하기 위해서 우리가 축성을 받기 위한 조건이 무엇인지, 또 죽은 자들의 영혼이 살아있는 자들의 영혼과 똑같은 경우에 해당하는지를 살펴볼 필요가 있다.

5. 그렇다면 축성의 근거, 즉 축성을 받기 위한 조건은 무엇인가? 혹시 사람이 각자 몸을 가지고 있고, 거룩한 식탁으로 다가가서인가? 거룩한 선물을 손에 받아, 입에 넣어 먹고 마시기 때문인가?[14] 전부 아니다. 거룩한 신비를 받아 모신 이들 중 상당수는 축복을 받지 못한 것은 물론 오히려 수많은 죄를 짊어진 채 거룩한 제단에서 떠나갔기 때문이다.

6. 그러면 축성을 받기 위한 조건은 무엇인가? 그리고 그리스도께서 우리로부터 원하시는 것은 무엇인가? 그것은 바로 영혼의 정결과 순결, 하느님에 대한 사랑, 믿음, 성사에 대한 갈망, 성체성혈을 받아 모시려는 자발적 의지, 열정, 성체성혈 성사에 목마름으로 다가오는 것 등이다. 이것들이 바로 축성을 가져다주는 것들이다. 우리는 이런 것들로 무장한 채 성사에 나아가야 한다. 이러한 것들이 없는 상태에서는 성체성혈 성사를 통해 우리가 축성받는 것이 불가능하다.

---

14. 초대교회 때 신자들은 오늘날 정교회 성직자들이 성체성혈을 모시듯, 성체는 그들 손에 받아 모시고, 성혈은 성작을 통해 받아 모셨다.

7. 그런데 이런 것들은 몸과 관련된 육체적인 것이 아니라 오직 영혼과 관계된 것들이다. 따라서 산 이의 영혼뿐 아니라 죽은 이의 영혼이 위의 언급한 것을 취하지 못하도록 막을 것이라고는 아무것도 없다.

8. 그렇다면 영혼이 성사에 대한 준비를 제대로 갖추고 있고, 더 나아가 거룩한 성사를 축성하시고 거행하신 주님께서 언제나 계속해서 당신 자신을 축성하고 제공하시기를 원하신다면, 과연 영혼들이 거룩한 친교에 참여하는 데 방해가 될 만한 요소가 무엇이 있겠는가? 전혀 없다.

9. 그러면 누군가는 다음과 같이 질문할 것이다. 만약 어떤 산 이가 위에서 언급한 그런 영적 상태를 갖추었다면, 성사에 나아가지 않아도 선물에서 나오는 축성을 받을 수 있는 것인가?

10. 그렇지 않다. 하지만 죽은 자들의 영혼이나, "광야와 산과 동굴과 땅굴로 헤매며 다니는"(히브리 11:38) 이들처럼 부득이 물리적으로 성사에 올 수 없는 사람들, 사제나 제단을 가까이할 수 없는 사람들의 경우에는 그리스도께서 보이지 않는 방법으로 그들에게 이 축성을 베푸셨다. 어떻게 그 사실을 알 수 있을까? 그들의 내면에 있었던 영적인 생명을 통해 알 수 있다. 왜냐하면 그들이 이 성사에 참여하지 않았더라면 그들은 그 생명을 가지고 있지 못했을 것인데, 이는 그리스도께서 직접, "만일 너희가 사람의 아들

의 살과 피를 먹고 마시지 않으면 너희 안에 생명을 간직하지 못할 것이다."(요한 6:53)라고 말씀하신 것에 근거한다. 또한 이것을 보여주시기 위해 천사들을 통해 수많은 성인에게 축성된 선물을 보내셨다.

11. 만일 어떤 사람이 할 수 있음에도 불구하고 성체성혈을 받아 모시러 나오지 않는나면, 그는 축성을 받는 것이 절대 불가능하다. 단순히 성체성혈을 받아 모시러 나오지 않아서가 아니라 할 수 있음에도 나오지 않았기 때문이다. 이런 행위는 그의 영혼이 성사에 꼭 필요한 선한 마음의 상태에서 완전히 벗어나 있음을 보여준다.

12. 정말이지, 거룩한 제단에 쉽게 다가갈 수 있으나 그것을 원하지 않는 사람이 거룩한 제단에 대해 어떤 열망, 어떤 의지를 갖고 있겠는가? 주님의 식사 초대를 무시한 이들에 대한 주님의 경고를 두려워하지 않는 이들이(루가 14:16-24 참조) 하느님께 어떤 믿음을 가지고 있겠는가? 만찬에 참여할 수 있음에도 참여하지 않는 사람의 사랑을 누가 진실되다고 믿겠는가?

13. 그러므로 그리스도께서, 이러한 악의를 갖지 않은 채 육체를 떠난 영혼들에게 당신의 식탁에서 나오는 축성을 제공하는 것은 놀랄만한 일이 아니다. 사멸과 함께 살아가는 인간이 불멸의 몸으로 양육된다는 것은 참으로 놀랍고 초자연적인 현상이라 할 수 있다. 하지만 본질에 어울리게 불멸하는 영혼이 불멸의 양식을 취하

는 것이 과연 그리 놀라운 일인가? 만약 생소하고 초자연적인 이 것 - 즉, 사멸하는 인간이 불멸의 양식을 먹는 것 - 이 주님께서 형언할 수 없는 당신의 자비와 심연의 지혜로 창안한 것이라면 또 다른 것, 즉 성사를 죽은 자들에게 베푸는 것을 왜 못하시겠는가? 실로 그것은 이성적이고 당연한 이치이다.

43. 축성은 먼저 성체와 성혈을 받는 사람의 영혼 속에서 이루어진다.

1. 살아있는 사람들은 육체를 통해서 성체성혈을 받아 모신다. 하지만 성체성혈은 먼저 영혼의 본체로 갔다가 그 이후에 영혼을 통해 육체로 넘어간다. 사도 바울로의 "주님과 합하는 사람은 주님과 영적으로 하나가 됩니다."(고린토 전 6:17)라는 말이 이 점을 확인시켜준다. 이런 결합은 처음에 영혼 속에서 실현되기 때문이다.

2. 그 이유는 인간의 근간이 영혼에 있기 때문이다. 따라서 인간의 노력과 덕을 통해 얻을 수 있는 그 축성은 영혼 속에서 이루어진다. 또한 그곳은 죄를 짓는 거점이 되기도 하기에 성체성혈로 치료를 받아야 할 필요가 있다. 우리 마음의 익한 생각으로 말미암아 몸이 더럽혀지는 것(마태오 15:11-20 참조)처럼, 몸과 관련된 모든 것은 영혼으로부터 나온다. 그렇기에 덕을 통한 축성이든 성사를 통한 축성이든 몸의 축성은 영혼으로부터 기인한다. 일부 사람들의 경우에는 영혼의 도덕적 타락이 원인이 되어 육체적인 병을 얻기도 한다. 주님께서는 병자의 영혼을 치유하심으로써, 즉 그의 영혼을 죄로부터 해방시켜 병을 치유하심으로써 이 사실을 확인시켜주셨

다(마태오 9:2-8, 마르코 2:5-12, 루가 5:20-25 참조).

3. 따라서 영혼이 축성을 받는 데 있어서는 몸을 필요로 하지 않는다. 오히려 몸이 영혼을 필요로 한다.

4. 그렇다면 육체와 결합되어 있는 영혼들이, 사제를 직접 볼 수 있고 그로부터 축성된 선물을 받을 수 있는 것 외에, 죽은 자들의 영혼보다 더 많이 가지고 있는 것은 무엇일까? 죽은 자들의 영혼도 그들에게 있어 전부라고 할 수 있는 영원한 사제, 즉 그리스도를 가지고 있으니 말이다. 영원한 사제께서는 살아 있는 이들도 축성해주시는데, 합당하게 당신의 몸과 피를 받아먹는 이들에게만 그렇게 하신다. 왜냐하면, 사제는 성체성혈을 받으러 나오는 교인들 모두에게 베풀어 주지만, 실제로 모두가 제대로 준비를 갖춘 채 합당하게 그것을 받는 것은 아니기 때문이다. 그리스도께서는 당신의 몸과 피를 받아먹으러 나오는 교인들 중에서 합당한 이들에게만 실제로 성체성혈 성사를 베푸신다. 이 모든 것을 비춰봤을 때, 성사를 통해 영혼을 완전하게 하고 산 자와 죽은 자를 축성하시는 분은 단 한 분이라는 사실이 드러난다. 바로 구세주 그리스도이시다.

5. 위에서 말한 모든 것을 종합해볼 때, 이 거룩한 예식과 관련된 모든 요소는 산 이와 죽은 이 모두에게 공통된 것임이 명백해진다. 누군가 축성을 받기 위해 필요한 요건들은 영혼에 유익을 주는 것이고, 이는 산 자와 죽은 자 모두에게 동시에 해당되기 때문이

다. 축성하시는 사제(그리스도) 역시도 동일한 분이다. 단지 그 둘의 차이, 곧 죽은 자에게는 없지만 산 자에게는 있는 것은, 합당하지 않은 이들이 성체성혈을 받았다고 자신들이 축성된 것처럼 생각한다는 점이다. 하지만 내세에서는 준비되지 않은 이들은 절대 주님의 몸에 다가갈 수 없고 오직 합당한 자들만 허락될 것이다. 산 자들이 합당한 준비 없이 성사에 다가서는 것은 그들에게 축성은 고사하고 오히려 최악의 지옥을 가져다줄 것이다. 결과적으로 성사에 쉽게 다가갈 수 있다는 사실이 곧 산 자에게 장점이 되는 것은 아니다.

6. 똑같은 이유로, 죽은 자들의 영혼이 거룩한 선물을 받아먹는 것이 허락되고 방해받지 않을 뿐만 아니라, 거룩한 선물이 이 영혼들과 함께한다는 것이 분명히 드러난다. 왜냐하면 다른 세상에서 그들을 기쁘게 해주고 평안히 쉴 수 있게 해주는 다른 무언가가 있었다면 그것은 합당한 영혼들의 순결함에 대한 상이 되었을 것이고 이 거룩한 제단에서 이루어지는 성사는 필요하지 않았을 것이기 때문이다. 하지만 지금 영혼들에게 각종 기쁨과 행복을 주는 그것은, 그것을 우리가 '낙원'이라고 부르든, '아브라함의 품'이라고 부르든, '고통과 슬픔과 한숨이 없는 광명의 땅, 푸르름의 땅, 서늘함의 땅'이라고 부르든, '하느님의 나라'라고 부르든 간에, 이 잔과 이 빵 말고 다른 그 어떤 것도 아니다.

7. 모든 영적 기쁨을 주는 하나뿐인 원천은 중재자(히브리 8:6,

9:15, 12:24 참조) 예수 그리스도이시다. 그분은 우리를 위해 선구자로서 또 대사제로서 하늘의 지성소로 들어가신 분이고(히브리 6:20), 우리를 아버지께로 이끌어주시는 유일한 분이며(히브리 2:10, 요한 14:6 참조), 영혼들의 유일한 태양이시다. 지금은 빛을 밝히며 당신께서 원하시는 방법으로(즉, 성체성혈 성사를 통해) 우리의 양식으로 주어지시지만, 그때는 장막에 가려지지 않은 채 우리에게 보여지시고 주어지심으로써 "그분의 참모습"(요한 1서 3:2)을 우리가 보게 될 것이다. "독수리들이 주검 주변으로 모여들 때"(마태오 24:28, 루가 17:37) 그분은 "깨어 있다가 주인을 맞이하는 종들을 식탁에 앉히고 띠를 띠고 곁에 와서 시중을 들어주실 것이다."(루가 12:37) 그분이 "하늘에서 구름을 타고 권능을 떨치며 영광에 싸여 오실 때"(마태오 24:30) "의인들은 해와 같이 빛나게 될 것이다."(마태오 13:43) 거룩한 식탁에 참여하지 않아 그분과 하나로 결합되지 못한 이들은 안식을 얻는 것이 불가능하고, 작든 크든 그 어떤 복을 누리는 것도 불가능하게 된다.

44. 그리스도의 중재

1. 그리스도는 중재자이시기에, 하느님께서 우리에게 주셨거나, 지금도 끊임없이 주시고 계시는 온갖 좋은 것들은 그분을 통해서 우리에게 내려온다. 그리스도께서는 하느님과 인간 사이에서 단 한 번만 중재자로 나서서 당신의 사역을 완성하신 후에 모든 것을 중단하신 것이 아니라, 늘 언제나 우리를 위해 중재하시기 때문이다. 그리스도께서는 사제들이 하듯이 말과 기도로써 하는 것이 아니라 몸소 행동으로써 우리를 위해 중재하신다. 그 행동은 무엇인가? 그것은 교인들을 당신 자신과 결합시키고, 당신 자신을 통해, 우리 각자의 가치와 정결함에 따라 우리에게 은총과 선물을 주시는 것이다.

2. 빛은 우리에게 볼 수 있는 능력을 제공하고, 빛이 없는 이들은 앞을 볼 수 없듯이, 사람이 영적으로 충만하게 살고 평안을 누리려면 그분과 끊임없이 결합되어 있는 것이 필요하다. 빛이 없이는 눈이 볼 수 없는 것처럼, 그리스도 없이는 영혼에 참된 생명과 평화가 깃드는 것이 불가능하기 때문이다. 우리를 하느님과 화해

시켜주시고 우리에게 평화를 주시는 분은 오직 그리스도뿐이기 때문이다. 이 평화가 없다면 우리는 하느님과 가까워지지 못하고, 하느님의 은혜에 동참하는 그 어떤 희망도 갖지 못하게 된다.

3. 따라서 누군가 처음부터 (세례성사를 통해) 그리스도와 결합되지 않았거나, 혹은 세례를 통해 결합은 되었지만 그 결합 속에 머물러 있지 않는다면, 그는 하느님의 축복에서 멀어지고 하느님 은혜와 관계없는 사람이 된다.

4. 그렇다면 하느님과 인류를 화해시킨 것은 무엇인가? 그것은 바로 하느님의 외아들이 인간이 되신 것이다. 이처럼 하느님께서는 당신의 외아들의 모습을 닮아 있고 그분의 몸을 입고 있으며 그분과 하나의 영을 이루고 있는 모든 사람과 화해를 하신다. 이러한 것을 갖추지 않으면, 즉 하느님을 닮지 않고 하느님과 화해하지 않으면, 인간은 욕망으로 가득한 옛 인간으로 남아 있으면서, 하느님께 적대적이 되고 하느님과 아무런 관계도 없게 된다.

5. 만일 사제의 기도와 거룩한 선물의 봉헌으로 영혼들이 안식을 누린다고 믿어야 한다면, 먼저 인간이 안식을 누릴 수 있는 방법은 하나밖에 없음을 믿어야만 한다. 그 방법은 무엇인가? 그것은 위에서 밝힌 것처럼 우리가 하느님과 화해하고 하느님과 적이 되지 않는 것이다. 이것이 어떻게 이루어질 수 있는가? 우리가 하느님과 결합하여, 하느님께서 유일하게 당신의 희망을 두셨던 사랑하

는 외아들과 하나의 영을 이루는 것이다. 이것은 거룩한 제단의 일이고, 이미 여러 사례를 들어가며 설명한 것처럼 산 자와 죽은 자 모두에게 공통된다.

45. 축성은 죽은 자들에게 더 완전하게 이루어진다.

1. 몸에서 자유로워진 영혼들은 축성과 관련해서 나름의 장점을 가지고 있다. 그들은 살아있는 자들보다 결코 적지 않게 사제의 기도와 거룩한 선물의 중재를 통해 죄를 사함 받고 깨끗해진다. 이처럼 죽은 자들의 영혼은 대부분 살아있는 이들이 그런 것처럼 더 이상 죄를 짓는 것도 아니고 과거의 죄에 새로운 죄를 덧씌우는 것도 아니다. 오히려 그들의 각종 잘못이 용서되거나, 적어도 더 이상 어떤 죄를 지을 가능성으로부터 완전히 자유로워진다. 이 때문에 그들은 대다수 살아있는 사람들뿐 아니라 자신들이 육체를 지니고 있었을 때보다 더 좋은 상태에 머무르며 구세주의 몸과 피를 받을 준비를 더 잘 갖추고 있게 된다. 그들은 육체를 벗어나 있다는 사실만으로 육체를 지니고 있었을 때보다 성사의 친교에 더 적절하게 자신들의 영혼을 준비시킬 수 있다.

2. 다음 세상에 거할 곳이 많고(요한 14:2 참조) 다양하다는 사실은 정의롭고 자비로운 심판관으로부터 모두가 덕의 정도에 맞게 보상받으리라는 것을 보여준다. 사도 바울로처럼 완벽하고 완전한 지

복의 상속자로 상을 받을 자격이 있는 사람들은 몸과 함께 있었을 때보다 사후에 더욱 선명하게 그 복을 누리게 된다. 이와 마찬가지로 완전한 복은 아닐지라도 적당한 복을 상속받은 자들도 육체를 지니고 세상에 살았을 때보다 사후에 더 좋은 상태에서 복을 누리게 된다.

3. 우리는 이미, 영혼의 안식과 크고 작은 덕에 대한 보상은 산 자와 죽은 자 각각 걸맞은 방법으로 받아먹는 성체와 성혈임을 밝혔다. 그래서 주님께서도 미래에 의인들이 누리는 기쁨을 "잔치"(루가 14:16)로 명명하시며, 다음 생에도 이 지상에서의 거룩한 식탁보다 더할 것이 없음을 보여주셨다.

4. 그러므로 거룩한 감사의 성사는 산 자와 죽은 자 모두를 위한 것이다. 산 자들이, 이미 밝힌 것처럼, 두 가지 방법으로 축성되듯이(42장 앞부분 참조) 죽은 자들도 두 가지 방법에 의해 축성된다. 죽은 자들은 산 자에 비해 결코 뒤처지지 않으며, 오히려 자신들만의 장점을 가지고 있다.

46. 어떻게 하느님께서는 거룩한 봉헌물을 항상 받으시는가?

1. 또 하나의 주제를 살펴보도록 하자. 우리가 지금껏 말한 것을 종합해보면 교인들은 성사의 거룩한 예식으로 축성되는데, 그렇다면 언제나 축성되는 것인가? 우리는 이에 대해 한번 살펴볼 필요가 있다.

2. 성찬예배를 거행하는 것은 선물을 봉헌하는 것인데 하느님께서는 그 선물을 항상 받아들이시는가? 봉헌하는 자의 악함 때문에 하느님께서 그 선물을 마음에 들지 않아 하시거나 거부하시는 경우가 있다. 구약의 시대와 은총의 시대(즉, 그리스도가 오신 뒤)에 살았던 이들에게서 그러한 사례를 수없이 많이 볼 수 있다. 그렇다면 과연 덕 있는 사람에 의해 봉헌되지 않고 때로 하느님께서 받아들이시지 않는 악한 사람에 의해 봉헌될 경우에, 그 선물이 성사를 통해 거룩해지기는 하는지, 혹시 헛되게 예배 드려지는 것은 아닌지 좀 더 깊이 살펴보자.

3. 죄인인 당사자가 선물을 봉헌하는 경우에 하느님께서 그 선물

들을 싫어하신다는 것은 교회가 하는 행위를 통해 드러난다. 교회는 죽을죄를 진 이들이 이런 선물을 봉헌하는 것을 허락하지 않고 있는 것이다. 만약 봉헌을 감행하려 한다면 교회는 그들을 받아들이지 않을 뿐만 아니라, 선물과 함께 그들을 내쫓는다. 하지만 교회는 봉헌하는 이들이 죄인인지 아닌지를 제대로 알 수 없기에 거룩한 제단에 그들의 선물을 받아들인다. 그렇다면 우리는 이러한 선물에 대해 무엇을 생각해야만 할까? 그러한 선물을 하느님께서 받아들이시지 않기에 축성의 결핍이 일어난다고 생각해야 할까? 만약 그렇다면 그때 우리는 그러한 선물이 축성되었는지 아닌지를 더 이상 알 수가 없게 된다. 의심을 품고 있거나 봉헌한 이가 누구인지를 모르고 있기 때문이다. 교인들이 이렇게 믿음 없이 불확실한 마음으로 성사에 다가간다면, 결과적으로 교인들은 어떤 유익함도 얻지 못하게 된다.

4. 그렇다면 우리는 이 질문에 어떤 답을 주어야 할까?

5. 선물에는 두 가지 봉헌이 존재한다. 하나는 교인이 선물을 가져와 사제의 손에 전달하는 것이고, 다른 하나는 교회가 봉헌하는 것이다.

6. 첫 번째 봉헌의 경우, 봉헌자가 사악한 죄인이라면 그 봉헌은 헛된 것이 된다. 선물을 가져온 그에게는 어떤 유익도 주어지지 않는데, 이는 그가 사악하며 죄를 지었기 때문이다. 봉헌된 선물 그

자체는 하느님께 혐오스럽지 않다. 하느님의 모든 피조물은 좋은 것이기 때문이다.

7. 두 번째 경우, 즉 교회가 봉헌하는 경우, 그것이 하느님과 성인들의 영광을 위해, 일반적으로 세상의 구원을 위해, 그리고 합당한 의도로, 덕이 있는 사람에 의해 봉헌된 것이라면 그것이 받아들여지는 데에는 의심의 여지가 없다. 선물은 처음에 그것을 봉헌한 이의 손에 의해 더럽혀지지 않은 채 깨끗한 상태로 남아있기 때문이다. 깨끗한 이들에 의해 봉헌된 선물들은 축성이 되고, 그것을 먹고 마시는 이들도 축성한다. 이는 죄는 의지의 질병으로서 이성적인 존재만이 죄로 오염되는 것이지, 이성이 없는 존재나 생명이 없는 존재에는 죄의 불결함이 접근할 수 없기 때문이다.

8. 그런데 나쁜 사람들이 봉헌하는 선물들도 깨끗하다면 교회법은 왜 그 선물을 받아들이지 않는 것인가? 이렇게 하는 이유는 봉헌하는 이들이 부끄러움을 느끼게 하고, 그들에 대한 하느님의 분노가 크심을 일깨워 주기 위해서이다. 하느님께서는 선물로 바쳐지는 당신의 피조물에 대해서는 아무런 감정이 없으시지만, 봉헌하는 이들 때문에 그 선물들을 미워하고 역겨워하시는 것이다. 교회의 이런 조치는 그들이 잘못을 깨닫고 삶을 개선해 나갈 수 있도록 도와준다. 하느님께서는 선물 그 자체에 대해서는 어떤 비난도 하지 않으신다. 따라서 두 번째 종류의 봉헌이 덕 있는 사람에 의해 제단에 바쳐졌을 때, 이 선물이 받아들여지고 축성되는 것은 조

금도 방해를 받지 않는다.

9. 하지만 누군가는, 예배 때 선물을 봉헌하는 사제들도 모두가 훌륭한 사람은 아니며 그들 가운데 일부는 매우 나쁜 악행을 저지른 사람이라고 말할지도 모른다. 이 의구심 역시 해결되어야 한다. 신자와 사제, 두 봉헌자 모두가 하느님을 기쁘게 하지 못할 때 (실제로 이런 일이 일어날 수 있다) 그 선물이 하느님께 받아들여지고 축성받을 수 있다는 것을 우리는 어떻게 알 수 있을까? 우리는 결코 알 수 없을 것이다. 하지만 실제로 그러한 경우라면 이 선물은 받아들여지지 않을 것이다. 그리고 우리는 선물을 사제에게 봉헌한 이들이나 그 선물로 예배를 집전한 이들의 내적 상태에 대한 확신이 없어서 언제나 의구심을 품고 바라볼 것이다. 왜냐하면 "하느님의 생각은 하느님의 성령만이 아실 수 있듯이 사람의 생각은 그 사람 속에 있는 마음만이 알 수 있기 때문이다."(고린토 전 2:11) 따라서 예배에 대해 많은 불신과 의심이 생길 것이고, 확신이 없을 것이다. 이렇게 믿음 없이 성사에 참여하는 것, 그것은 교인들에게 어떤 유익도 가져다주지 못할 것이다.

10. 만약 사제를 선물을 봉헌하는 일의 책임자로 여긴다면, 앞서 언급했던 내용이나 의문이 타당하다고 할 수 있다. 하지만 그는 책임자가 아니다. 이 봉헌의 주된 주체는 하느님의 은총으로, 바로 이 은총이 선물을 거룩하게 한다. 선물이 봉헌되는 이유는 축성을 받기 위한 것이기 때문이다. 선물을 봉헌하는 사제는 은총을 위

해 일하는 사람일 뿐이다. 그는 자기 자신의 것에서 그 어떤 것도 봉헌하지 않으며, 감히 자신의 판단이나 생각에 따라 어떤 말이나 행동을 하지도 않는다. 단지 자신이 받았던 것들, 그것이 물질이건, 말이건, 행위이건 간에, 가르침 받은 방법에 따라 그것을 받아 하느님께 돌려 드린다. 이렇게, 선물들은 항상 하느님께서 흡족해 하시는 방법에 따라 봉헌되기 때문에, 하느님께서 언제나 좋아하시고 받아들이신다.

11. 결과적으로 봉헌하는 이의 타락이 선물에 조금도 해를 미치거나 봉헌을 퇴색시키지 않으니, 봉헌하는 사람이 타락했다고 한들 그것이 무슨 상관이 있겠는가? 이는 약을 제조하는 의학적 지식이나 기술이 없는 일반인이 의사의 지시와 안내에 따라 약을 제조한다면 이 약이 병을 치료하는 효능을 지니게 되는 것과 같은 이치이다. 그 약은 그것을 제조한 사람의 무지 때문에 쓸모없어지는 것이 아니라 의사의 능력과 제조 기술 덕분에 구원의 약이 될 것이다. 제조자의 무지로부터는 아무것도 취하지 않고, 의사의 제조 기술에서 그런 능력과 힘을 얻은 것이기 때문이다.

12. 이와 마찬가지로 제단에서도 하느님의 은총이 모든 것을 주관하고 담당한다. 사제는 단지 하느님의 은총을 위해 일하는 사람일 뿐이다. 성직자의 직분도 그 자신에게서 나온 것이 아니라 은총을 통해 그에게 주어진 것이다. 성직은 성스러운 것들을 위해 일할 수 있는 능력 그 이상도 그 이하도 아니기 때문이다.

47. 거룩한 선물이 받아들여지는 척도

1. 거룩한 선물이 모든 교인을 언제나 축성하고 또 언제나 하느님께 받아들여진다는 점은 앞에서 밝힌 바를 통해 확인되었다. 그렇다면 이제는 그 선물이 얼마만큼 받아들여지는가에 대해 한번 살펴보기로 하자.

2. 사람들끼리 선물을 주고받을 때 누군가 선물을 받았다고 말할 수 있는 기준은 무엇일까? 선물을 받은 사람은 자신이 그것을 받았다는 사실을 확인시켜주기 위해 무엇을 해야 할까? 혹시 선물을 손으로 받아서 어딘가에 놔두면 되는 것일까? 그렇지 않다. 땅이나 집과 같이 손으로 받거나 옮길 수 없는 선물도 있기 때문이다.

3. 그러면 선물을 받아들였음을 보여주는 근거나 지표는 무엇일까? 그것은 선물을 자신의 것으로 삼아 자신의 다른 소유물들과 차별 없이 간직하는 것이다.

4. 이렇게 하느님께서는 이 봉헌된 선물을 완전히 당신의 것으로

소유하셔서 그것을 당신의 외아들의 몸과 피로 만드신다. 이렇게 소유되는 것보다 더 친밀하고 가깝게 소유되는 방법은 없으니, 봉헌물이 받아들여지는 데에 이보다 더 적합한 다른 방법은 없다고 할 수 있다.

5. 또한 선물을 받은 사람이 하는 보답에 따라서 선물이 어느 정도 받아들여졌는지가 드러난다.

6. 그러면 여기서 말하는 보답은 무엇인가? 그것은 바로 그리스도의 몸과 피이다. 하느님께서는 우리에게서 빵과 포도주를 받으시고 그 보답으로 당신의 아들을 우리에게 주신다. 그렇다면 하느님께서 우리가 봉헌한 선물, 즉 빵과 포도주에 대한 보답으로 당신의 아들을 우리에게 선물로 주신다는 사실은 어디에서 확인이 될까? 살과 피를 입으셨던 그분께서 말씀하신 것을 통해 알 수 있다. 그분께서는 "받아라."라는 말씀으로 그것이 당신의 선물임을 보여주신다. 그리고 이 말씀을 통해 선물을 주는 이와 받는 이가 모두 드러난다.

7. 받는 것에는 또 다른 방법이 있는데, 위탁품처럼 받는 것이다. 하지만 그것을 위임받은 자는 그것을 쓸 권리를 갖지 못하고 다만 맡아서 보관할 뿐이다.

8. 그리스도께서는 우리가 당신이 주시는 선물을 위탁품이라고

생각하지 않도록 "먹어라."라는 말씀으로 우리에게 그 소유권이 있음을 분명히 보여주신다.

9. 이처럼 하느님께서는 제단의 선물을 받아들이신다. 그것도 엄청난 관대함으로 받아들이신다.

10. 그렇기 때문에 선물들은 아직 완전에 도달하지 못해서 여전히 축성이 필요한 살아있는 그리스도인과 죽은 그리스도인을 언제나 축성한다. 완전에 이른 성인들은 이미 천상의 체계 속에 편입되어 천사들 가운데 자리하고 있기에 더 이상 지상의 중보를 필요로 하지 않는다.

48. 왜 우리는 거룩한 선물로써 성인들을 칭송하고 그들에게 존경을 표하는가?

1. 이전 질문에 이어 다음과 같은 또 하나의 의문이 생긴다.

2. 거룩한 선물이 하느님께 바쳐지고 축성이 필요한 이들을 축성한다면, 우리는 왜 모든 것에 있어 완전에 이른 성인들에게 거룩한 선물을 봉헌함으로써 그들에게 존경을 보인다고 생각하는 것일까? 또 우리가 필요에 의해 그들에게 도움을 청할 때 왜 그들에게 성찬예배를 바치겠다고 약속하는 걸까? 그들에게 정말 바치기 위해서인 마냥 또는 그들에게 유익이 되기 위해서 선물을 봉헌하는 것인 마냥, 왜 그렇게 약속하는 것일까?

3. 앞에서 밝힌 것처럼(33장 7항) 선물 봉헌의 또 다른 방법이 있기 때문이다. 그 방법에 따르면 선물들은 성인들에게도 속하는데, 하느님께서 성인들을 드높이신 그 영광을 위해, 또 하느님께서 성인들 속에서 실현하신 그 완전함을 위해 하느님께 봉헌될 때 그렇다. 선물은 하느님께 바쳐진 것으로서 성인들에게 속한 선물 역시도 하느님의 선물이다. 선물은 또한 성인들의 도움이 필요한 교인

들에게도 속한다. 선물이 성인들에게 속하는 이유는 성인들을 위해서 하느님께 봉헌되었기 때문이다.

4. 누군가 나 대신에 선물을 받으면 그가 누구인지와 관계없이 내가 선물을 받은 것과 같은 것처럼, 누군가 우리를 기쁘게 하려고 선물을 주었을 때, 우리 손으로 받아야만 우리 선물이 되는 것이 아니라 친구나 친척이 대신 받아도 우리 선물이 된다. 이것이 주님께서 당신을 위해서 가난한 이를 맞아들인 사람은 바로 당신을 맞이한 것이라고 말씀하신 이유이다(마태오 25:40). 이렇게 성인들도 선물을 받는데, 그들을 위해서 하느님께 선물이 봉헌되는 것이기 때문이다. 그리스도에 대한 우리의 사랑 때문에 자선이 이루어지듯이, 성인들에 대한 사랑 때문에도 하느님께 선물이 봉헌된다. 우리는 성인들을 매우 사랑하고 그들의 복된 삶을 우리의 것으로 여기기 때문에, 그들의 행복에 대해 기뻐하고, 그분들과 그 기쁨을 나누며 그분들의 복된 삶에 참여하려고 하는 것이다. 또 우리는 주님께서 성인들에게 베푸신 축복에 대해 기뻐하기에, 그들에게 축복을 주신 하느님께 감사드리며, 그 감사의 표시로 하느님께 선물을 바치는 것이다.

5. 그런데 성인들이 선물을 받는 이유는 단지 그들에 대한 우리의 사랑 때문만은 아니다. 그들에게 있어 훨씬 달콤하고 감미로운 또 다른 것 때문이다. 그것은 그들로 인해 하느님께서 감사와 영광을 받는다는 점이다. 사악한 이들의 죄악이 하느님의 이름을 욕되

게 하는 것처럼, 성인들로 인해 하느님께서 영광 받으시는 것은 성인들에게 있어 커다란 성취이자 희구이다. 이것이 그들이 지상에서 육신을 취하고 있었을 때 끊임없이 투쟁했던 것이며, 하늘나라로 간 지금 계속해서 하는 일이자, 그들의 기쁨이고 그들의 행복을 구성하는 중요한 요소이다. 그들은 이 세상에 살았을 때 천상의 복을 미처 누리지 못한 채 그것을 누릴 희망 속에서 살았었다. 천상의 복을 미처 누리지 못한 세상 속에서 살았던 그때도 언제나 하느님께 감사하는 마음으로 살아왔고, 또 하느님의 영광을 위한 것이라면 모든 것을 다 바쳤던 그들이니, 그들이 훨씬 더 완덕에 가까워지고 천상의 복을 더 이상 희망하지 않아도 되며 경험을 통해 주관자의 관대함을 이미 다 알게 된 지금, 우리는 그들에 대해 무엇을 생각해야만 하겠는가? 그들 자신이 과거에 어떤 존재였고 지금은 어떤 존재로 바뀌었는지 보고 있는 지금, 즉 흙으로 만들어진 존재에서 태양이 되고, 영예롭지 않은 종에서 영예로운 아들이자 하늘나라의 상속자가 되고, 보고해야 하는 위치에서 심판관 앞에서도 당당히 다른 이들을 책임에서 벗어나게 해줄 수 있는 힘 있는 자가 되어 있는 자신들을 보고 있는 지금, 우리는 그들에 대해 무엇을 생각해야만 하겠는가? 그런 이유로 그들은 하느님께 영광을 돌리고 찬양하는 것에 족하지 않으며, 자신들만으로 하느님께 감사드리는 것이 충분하지 않다고 여겨 모든 천사와 인간, 만물이 다 함께 그들과 같이 찬양하길 갈망한다. 그래서 수많은 이들이 함께 하느님께 드리는 감사가 배가 되고, 그들이 하느님께 드릴 영광의 빛도 좀 더 갚을 수 있기를 소망한다.

6. 이 증거로는 아자리야와 함께 세 명의 거룩한 아이들을 들 수 있는데, 그들은 하느님의 은총으로 불가마의 화염을 이겨냈다(다니엘 3장 '세 아이의 노래' 참조). 그들은 자신들에게 일어난 하느님의 기적으로 불가마의 화염에서 살아난 것에 대해 하느님께 감사를 고백할 때 자신들만 찬양과 감사를 드리는 것이 부족하다고 생각하여 천사들과 모든 민족, 하늘과 해와 별과 땅과 산과 무생물, 즉 모든 피조물에게 함께 찬양을 드리자고 청했다. 이처럼 성인들은 하느님을 찬양하고자 하는 갈망이 참으로 크다. 세상 속에서 육체를 가지고 살아갈 때도 그러했는데 육체에서 자유로워진 상태에서야 훨씬 더 하지 않겠는가?

7. 그러므로 성인들의 이런 영예와 지복과 영광을 생각하면서 그들에게 영광의 관을 씌워주신 하느님을 찬양하는 사람은 그 어떤 기쁨보다 크고 존귀한 기쁨을 성인들에게 드리게 된다. 특히, 말로써 뿐만 아니라 하느님께서 매우 기쁘게 받아주시고 그분께 있어 가장 가치 있는 감사의 선물을 봉헌할 때는 더더욱 그렇게 된다. 그때, 구세주께서 과거 율법이 모든 예배를 뛰어넘는 그 선물을 기쁘게 받으시고 그 보답으로서 당신의 몸과 피를 우리에게 제공하시는 것처럼, 실제로 성인들은 우리가 그들을 영예롭게 한다고 믿는 다른 어떤 것보다 우리가 봉헌한 그 선물을 훨씬 더 기뻐하며, 우리 영혼의 유익을 위해 그들 자신을 우리에게 내어준다. 이는 그들이 모든 것에서 주님의 본보기를 따르고 있기 때문이다.

49. 성찬예배에서 사제가 성인들을 기념하는 것이 그들을 위해서 하느님께 간구하는 것이라고 주장하는 이들에 대한 반박

1. 하느님께 성인들에 대해 언급하는 것이 성인들의 존재에 대해 감사드리기 위해서가 아니라 그들을 위해 간구를 드리기 위해서라고 생각하는 일부 오류에 빠진 사람들이 있다. 나는 그들이 어떤 근거로 그런 생각을 했는지 잘 모르겠는데, 지금까지 살펴본 것들 속에서나 성찬예배 속에서도 그런 주장을 펼만한 내용은 나오지 않기 때문이다.

2. 실제 사실들은 이런 낯선 주장에 매우 반대되기 때문에, 우리의 논점을 증명하는 것은 어렵지 않을 것이다.

3. 만일 교회가 성인들을 위해서 기도를 드린다고 가정하면, 교회는 언제나 성인들을 위해서 기도해 왔던 것을 변함없이 지켜왔을 것이다. 그렇다면 잠든 이들을 위한 기도의 내용은 무엇인가? 그것은 죄의 사함, 하늘나라의 상속, 완전에 이른 성인들과 함께 아브라함의 품 안에서 누리는 안식이다. 교회가 잠든 이들을 위해 드리는 기도는 이것 말고는 더 없다. 이것이 잠든 이들을 위해 하느

님께 간구할 수 있는 것의 전부이다. 누구든지 자기가 기도드리고 싶은 것을 마음대로 드리도록 허락되지 않을 뿐만 아니라, 거기에는 넘어설 수 없는 법과 정도가 있기 때문이다. 사도 바울로도 이 점을 강조하고 있다. "성령께서도 어떻게 기도해야 할지도 모르는 우리를 대신해서 말로 다 할 수 없을 만큼 깊이 탄식하시며 하느님께 간구해 주십니다."(로마 8:26) 즉, 이것은 성령께서 우리에게 무엇을 위해 기도할 것인가를 가르쳐주신다는 것을 뜻한다. 교회의 교부들도 그렇게 이해하고 있었다.

4. 교회의 그 많은 예식과 기도 속에서, 위에서 말한 것 외에 교회가 드리는 다른 간구가 있는지 한번 찾아보라. 결코 찾지 못할 것이다.

5. 그런데 어떻게 교회가, 무죄한 이들이 마치 아직 죄가 있는 것처럼 그들의 죄 사함을 위해 기도할 수 있겠는가? 어떻게 성인들이 마치 성인이 아닌 것처럼 그들이 다른 성인들과 함께 안식하게 해달라고 기도할 수 있단 말인가? 어떻게 그들이 아직 완전하지 않은 것처럼 그들이 완전에 이르게 해달라고 기도할 수 있단 말인가?

6. 따라서 둘 중의 하나의 방법으로 죄를 짓게 되는 것이다. 하나는 성인들의 지복과 완전성을 고백하면서 하느님 앞에서 수다를 떨어 성인들을 위한답시고 헛된 기도를 드리는 것인데, 이것은 신성한 것을 모욕하는 이들에게 해당하는 것이지 사제들에게 어울리

는 것이 아니다. 다른 하나는 우리의 기도로 성인들을 유익하게 한다고 생각하며 진지하게 기도하는 경우이다. 그렇게 되면 성인들의 영광을 부정하는 결과를 낳게 되고, 이것은 성인들만 욕되게 하는 것이 아니라 하느님께도 불경을 저지르는 것이 된다. 하느님께서는 성인들을 영화롭게 하시고 그들에게 당신의 나라를 주시겠다고 약속하셨는데, 우리가 성인들을 위해 간구함으로써 하느님께서 마치 거짓을 말하고 당신의 약속을 지키지 않으신 것처럼 만들기 때문이다.

7. 이 두 경우 다 완전한 모독이 될 수 있다. 한편으로는 성인들의 지복을 부정하고, 또 다른 한편으로는 성인들의 지복을 부정하는 이들이 하는 행동을 똑같이 하기 때문이다. 축복받은 상태에 있고 하느님의 자녀들 사이에 있으며 하늘나라의 상속자인 분들이 마치 아직 상을 받지 못한 것처럼, 영예로움 없이 아직도 갚아야 할 빚이 있는 사람들인 것처럼, 그분들을 위해 기도를 드려야 한다고 하기 때문이다.

8. 위의 사실에 비춰볼 때, 교회가 성인들을 위해 드리는 봉헌이 간구하기 위함이라는 것은 타당하지 않다고 할 수 있다.

9. 일단 기도의 내용을 한번 살펴보자.

10. "믿음 안에서 안식에 든 모든 이들, 우리 조상들과 선조들과

예언자들, 사도들과 설교자들과 복음사가들과 순교자들과 믿음의 증거자들, 고행자들, 그리고 믿음 속에서 잠든 모든 의로운 영혼들, 특히 지극히 거룩하시고 정결하시며 복되시고 영화로우신 평생 동정녀 성모 마리아와 예언자이시며 선구자이신 세례자 성 요한과 영광스럽고 영화로운 성 사도들과 또 모든 성인들의 기원으로, 하느님이시여 우리를 찾아 주옵소서. 또한 영생을 바라며 부활의 희망 속에 고이 잠든 모든 이들도 생각하시고 빛나는 당신 얼굴빛이 있는 곳에서 안식을 누리게 하소서."

11. 이것이 기도의 내용이다. 이 속에는 성인들을 위해 하느님께 간구하는 그 어떤 내용도 들어있지 않다. 사제도 흔히 드려왔던 기도들 중에서 그 어떤 것도 기도하지 않는다. 사제는 세상을 떠난 다른 교인들을 기억한 후에 곧바로 그들을 위한 기도를 이렇게 덧붙인다. "그들이 주의 얼굴빛이 있는 곳에서 안식을 누리게 하소서." 반면 성인과 관련해서는 정반대이다. 사제가 그들을 위해 중보하는 것이 아니라 오히려 그들을 우리의 중보자로 내세우고 있기 때문이다. 기도 속에서 사제는 성인들을 열거한 후에 "그들의 기원으로, 하느님이시여, 우리를 찾아주소서."라고 말하고 있지 않은가.

12. 위의 기도의 내용이 탄원이나 간구가 아니라 성인들에 대한 감사라는 것을 알려주는 가장 좋은 증거는, 성인들 명부 속에 하느님의 어머니가 포함되어 있다는 점이다. 만약 성인들이 중보가 필요한 존재였다면, 테오토코스(하느님의 어머니)는 그 명단 안에 들어

있지 않았을 것이다. 테오토코스는 아주 높은 천상의 존재들과도 비교가 되지 않을 만큼 지극히 높으시고 거룩하신 분으로, 지상의 인간들의 중보뿐만 아니라 모든 천군 천사들의 중보 역시 초월하시기 때문이다.

13. 하지만 누군가는 예배를 집전하시는 분이 그리스도시라고 말할 것이다. 만일 그리스도께서 성인들을 위해 그리고 당신의 어머니를 위해 중재를 하신다고 하면 이상한 일일까? 이상한 일이 없지 않은가?

14. 그러나 이것은 전혀 논리적이지도 않고 이해할 수도 없는 일이다. 이런 것은 그리스도께서 중재하시는 방식이 아니기 때문이다. 그리스도께서는 "하느님과 사람 사이의 중재자"(디모테오 전 2:5)가 되셨지만 말이나 기도가 아닌 당신 자신을 통해 이루셨다. 그분께서는 하느님이시면서 인간으로서, 당신 자신을 하느님과 인간이 만나는 자리로 만드시면서 그 둘을 하나로 결합시키셨다. 따라서 그리스도께서 언제나 성찬예배의 기도를 통해 중재를 하신다는 생각은 그리스도에 대한 모독이며 터무니없는 것이라 할 수 있다.

15. 왜냐하면 비록 그리스도께서 예배를 거행하시는 분이라 해도 성찬예배 전체를 통해서 말하고 행해지는 모든 것이 그분 자신만이 다 하시는 것이라고 할 수는 없기 때문이다. 성사의 실행도 홀로 하시고, 성사의 목적, 즉 선물의 축성과 교인들의 축성도 그

리스도께서 홀로 하시는 것이지만, 그 의식을 감싸고 있는 기도와 간구는 사제가 드리는 것이다. 하나는 주님의 일이고, 다른 것은 종의 일이다. 사제가 기도를 드리면 그리스도께서는 기도를 들으신다. 구세주께서는 주시고, 사제는 주신 것에 감사드린다. 사제는 선물을 봉헌하고, 주님께서는 그 선물을 받으신다. 주님께서도 성부 아버지께 당신 자신과 이 선물을 봉헌하는 것이 사실이지만, 그것은 빵과 포도주가 당신의 몸과 피로 변화될 때이다. 주님께서는 당신 자신을 봉헌하시기 때문에 "봉헌하시고, 봉헌되시고, 봉헌을 받으시는 분"으로 불린다. 하느님으로서 봉헌하시고, 봉헌 받으신다. 그리고 인간으로서 봉헌되신다. 그러나 빵과 포도주가 아직 선물로 있을 때는 사제가 그 선물을 봉헌하고, 주님께서는 그 선물을 받으신다.

16. 그리스도께서는 선물을 받으면서 무엇을 하시는가? 선물을 축성하시고 그것을 당신의 몸과 피로 변화시키신다. 이렇게 선물을 받아 소유(사유(私有))하는 것이, 이전에 밝혔듯, 선물을 받는 것의 참된 본질이다. 이 모든 과정이 그리스도께서 예배를 집전하시는 방식이며, 이것이 바로 그분의 대사제직을 구성한다.

17. 그런데 우리가 말한 것과 동떨어져서, 성사 때 드리는 기도의 전체 또는 일부가 그리스도께서 말씀하시는 것이라고 주장하는 사람이 있다면, 그 역시 그리스도의 영광을 심히 훼손시키는 무례한 이들과 조금도 다르지 않다. 만일 그 기도문을 읽어본다면, 모

든 내용이 종의 말뿐임을 알 수 있을 것이다. 또 성인들을 기념하는 기도문을 읽어보라. 무례한 이들은 그 기도를 감히 그리스도께서 하시는 기도라 여기고 있지만, 거기에서 아버지와 동등한 위치로서의 아들에게 걸맞은 그 어떤 것도 찾지 못하고 모든 것이 종이 하는 말임을 보게 될 것이다. 우선 감사는 한 사람에 의해 이루어지는 것이 아니고 온 인류가 함께 드리는 공동의 것이다. 그들은 비록 죄를 지은 인간이지만 하느님의 자비로부터 버림받지 않았기에 감사를 드린다. 그리고 이 감사는 성부만이 아니라 성자와 성령께도 드려진다. 이외에도 그들은 종들이 마치 자신들의 여왕을 바라보듯이 하느님의 어머니를 공경하며, 성모님과 성인들의 중보를 통해 하느님의 호의와 도움을 청한다.

18. 그렇다면, 앞서 말한 종이 하는 말들, 즉 인간이 하는 기도들이 한 분이신 주님, 하느님의 외아들, 죄가 없으시며 만유의 주관자이신 분과 무슨 상관이 있다는 말인가? 사제가 "당신과 또 당신의 외아들에게 감사드립니다."라고 말하는데, 그렇다면 그리스도께서 하느님의 외아들에게 감사를 드린다는 것인가? 그것은 네스토리우스의 광기 어린 주장에서 보듯이 우리에게 두 분의 아들이 생기는 것이다. 그러하니 그리스도께서 성인들을 위해 중보한다는 생각과 또 그런 중보와 중재를 우리가 그분의 몫으로 돌리는 것은 참으로 무례하고 어리석은 일이 아닐 수가 없다.

19. 따라서 이것은 예배의 형태가 가지고 있는 개념이 아님을 분

명히 밝힌다. 이것은 간구가 아니라 감사의 형태이다.

20. 누군가는 그럴 수 있다고 말할지도 모른다. 하지만 그는 표현 속에는 전치사 'for(ὑπέρ)'가 간구의 뜻을 내포하고 있기에 그 의미가 가려져 있는 것이라고 주장한다. 그러나 꼭 그렇지만은 않다. 기도 속에서 언제나 간구의 의미로만 쓰이지는 않기 때문이다. 이 전치사 'for(ὑπέρ)'는 간구할 때도 쓰이지만 감사의 의미를 담고 있을 때도 사용된다. 우리는 많은 곳에서 그것을 확인할 수 있는데 아래의 기도문 속에서도 확인된다. "이 모든 것에 대해 당신과 당신의 외아들과 성령께 감사를 드리나이다. 우리가 알게 모르게 보이게 안 보이게 우리에게 베풀어 주신 주님의 모든 은혜에 감사드리며, 우리의 손으로 감히 이 성찬예배를 올리게 하셨으니 감사드리나이다." 지금 이 봉헌기도에서 보듯이 전치사 'for'는 간구뿐만 아니라 감사에서도 사용되고 있다. 따라서 이 오류에 대한 어떤 변명도 용납되지 않음을 알 수 있다.

21. 따라서 성인들을 기념하는 것은 간구가 될 수가 없으며, 간구가 아니라는 사실은 그것이 감사의 기도라는 것을 증명해준다. 간구이거나 감사, 둘 중 하나이기 때문이다. 하느님께서 우리에게 베풀어 주시는 은혜를 기억하는 방법은 두 가지밖에 없는데, 하나는 그 은혜를 받기 위한 기념이고 다른 하나는 이미 그것을 받은 것에 대한 기념이다. 그리고 하느님께서 인간들에게 베푸신 모든 은혜 가운데 가장 큰 은혜는 성인들이 완전에 도달한 것이다. 그렇

기에 교회가 성인들에 대해 하느님께 감사를 드리지 않는다는 것은 허락되지 않는다. 그렇다면 내가 성인들이 완전에 도달한 것이 하느님의 가장 큰 선물이라고 말하는 이유가 무엇이겠는가? 그것은 인류를 향해 베푸신 하느님의 모든 은혜의 완성이자 열매가 바로 성인들이기 때문이다. 하늘과 땅, 눈에 보이는 우주가 바로 이러한 이유로 창조되었다. 바로 이런 이유로 낙원과 예언자들이 존재했고, 하느님께서 육화하셨으며, 사람들에게 가르침을 주시고, 지상 사역을 하시고, 수난을 당하시고, 죽음을 맞이하셨다. 이 모든 것들은 사람들이 이 지상에서 하늘로 들어 올려져 하늘나라의 상속자가 되게 하기 위함이었다.

22. 따라서 만일 성찬예배 속에서 이루어지는 것들이 온전한 감사이고, 이 선물들이 탄원의 의미 외에도 감사의 의미도 담고 있는 것이라면, 그 감사의 주된 근거와 동기는 완전에 이른 성인들이어야 하는 것이 당연하다.

23. 정말이지, 우리가 감사를 느끼게 하는 것은 무엇인가? 우리가 바라는 것을 청원하고 그 청원한 것들을 받는 것이 아니겠는가? 이것은 모든 사람에게 다 똑같을 것이다. 그러므로 우리가 감사드리는 계기는 우리가 청원한 대상과 일치한다고 할 수 있다.

24. 그렇다면 교회는 하느님께 무엇을 청원하는가? 교회는 하느님께서 청원하라고 명령하신 것, 곧 하느님의 나라를 간구하는데,

교인들이 그 나라를 상속받도록 기도하고, "그들을 불러주신 분이 거룩하신 것처럼"(베드로 전 1:15) 그들 또한 거룩하게 되기를 간구한다. 교회가 이런 것들을 위해 간청을 드린다면 그것들에 대해 감사를 드리는 것 또한 당연한 일이다. 교회는 교인들이 거룩함 속에서 완전해지길 간구하는데, 그렇기에 충만한 거룩함 속에서 완전에 이른 성인들에 대해 하느님께 감사드리는 것도 당연한 일이 된다. 거룩한 성찬예배가 '감사의 성사'라고 일컬어지는 이유도 바로 성인들에 대한 이 감사에 있다. 왜냐하면 비록 다른 많은 은혜에 대해 기억할지라도 모든 것의 결과는 성인들이기 때문이며, 그 밖의 다른 많은 것도 그분들을 위해 청해지는 것이기 때문이다. 따라서 교회는 다른 은혜에 대해 감사를 드릴 때 언제나 성인들의 완전함에 대해서 감사를 드린다. 주님께서 행하신 모든 것들이 이 성인들의 무리를 이루어 내기 위해 행하신 것처럼, 같은 방식으로 교회도 하느님께서 베풀어 주신 은혜에 대해 모든 찬양을 하느님께 바칠 때 언제나 성인들의 무리를 생각한다. 구세주께서는 성만찬 성사를 제정하시고 제자들에게 전하실 때 하느님께 감사드리면서 그것을 주셨는데, 그것을 통해 우리에게 하늘의 문을 열어주시고, "하늘에 등록된 장자들"(히브리 12:23)을 그곳에 모으시려고 했기 때문이다. 이렇게 교회는 그리스도를 본받아 간구뿐만 아니라 감사를 드리기 위해서도 선물을 봉헌한다. 이는 다른 여러 곳에서도 확인이 되며, 특히 성찬예배의 전체적인 목적을 잘 담고 있는 기도문에서 확연히 드러난다. 그 기도는 하느님께서 우리에게 주신 모든 은혜에 대해 언급한 뒤 그 모든 것에 대해 하느님께 감사를 드리고, 마지막으로 주님께서 육신을 입고 오신 것과 성사를 베푸신 것과 우리에게도 똑같이 행하라고 계명을 주셨음을 언급한 후에, "이 구원의 계명을 기억하고 주께서 우리를 위하여 행하신 모든 일, 곧 십자가와 무덤과 사흘만의 부활과 하늘에 오르시어 성부 오른편에 앉으셨음과 영광 중에 다시 오실 것을 기념하여"라고 덧붙이고 있는 것이다. 이 기도는 다음과 같은 내용으로 이어진다. "당신의 것인 이 세상의 모든 것 중에서 특히 이 예물을 우리에게 베푸신 모든 은혜에 대한 감사로서 모든 곳에서 당신께 바치나이다. 오 주여, 우리는 주님을 찬송하며, 찬미하며, 주님께 감사드리며 또 우리 하느님께 기도하나이다."

25. 자, 보았는가? 사제는 우리가 당신의 은혜를 기억하고 있으며 그 은혜에 대한 감사로서 이 선물을 봉헌한다고 말하고 있다. 우리에게 은혜를 베풀어 주신 분에게 선물로 예를 표하는 것은 분명 감사이다. 계속해서 그 감사를 더욱 확실히 보여주기 위해, 사제는 선물을 봉헌하며 이렇게 말한다. "주여, 우리는 주님을 찬송하며, 찬미하며, 주님께 감사드리며 또 우리 하느님께 기도하나이다."

26. 이것이 교회가 말하는 선물 봉헌의 의미이다. 그것은 처음에 희생이 감사와 간구라고 말했던 대로, 찬양하고, 감사하고, 간구드리는 것이다.

27. 우리는 두 가지를 기억하면서 선물을 봉헌한다고 교회는 말

하는데, 하나는 "나를 기념하여 이것을 행하라."라고 하신 주님의 계명을 기억하는 것이고, 다른 하나는 우리를 위해 이루신 모든 일을 기억하는 것이다. 은혜에 대한 기억은 우리에게 보답하고자 하는 마음을 불러일으키면서, 수많은 은혜를 베풀어 주신 그분께 뭔가를 드려야 한다는 생각을 갖게 하고, 계명에 대한 기억은 우리가 어떤 선물을 바쳐야 할 것인지를 우리에게 알려주기 때문이다. 그래서 우리는 다음과 같이 말씀드리는 것이다. "하느님 아버지, 당신의 외아들께서 하느님이시고 아버지이신 당신께 바친 선물을 우리도 당신께 바칩니다. 그리고 당신의 아들이 당신께 선물을 바칠 때 감사를 드렸으니, 우리도 당신께 감사를 드립니다. 우리가 당신께 봉헌하는 그 어떤 것도 우리의 것이 아닙니다. 우리가 바치는 선물조차도 우리의 것이 아니라 만유의 창조주이신 당신의 것입니다. 이 예배의 형태도 우리가 창안한 것이 아니고, 이 희생에 대해서도 우리는 자발적이거나 주도적으로 움직이지 않았으며, 오히려 당신께서 우리에게 그것을 하라고 일러주셨고 당신의 외아들을 통해 우리에게 가르쳐 주셨습니다. 따라서 우리가 당신께 바치는 이것은 당신께서 우리에게 주신 것에서 나온 당신의 것으로서, 모든 것에 있어서 다 당신의 것입니다."

28. 그러므로 우리는 감사의 봉헌에 대해 또 하나의 새로운 감사를 하느님께 드려야 한다. 이 봉헌에서 우리의 것은 아무것도 없으며, 모든 것이 그분의 선물이기 때문이다. 또한 사도 바울로의 말처럼 우리가 봉헌을 하길 원하고 또 봉헌을 한다 하더라도, "우리

안에 계시면서 당신의 뜻에 맞는 일을 하고자 하는 마음을 일으켜 주시고 그 일을 할 힘을 주시는 분은 하느님"(필립비 2:13 참조) 당신이시기 때문이다. 그래서 기도에는 이러한 내용이 있다. "우리의 손으로 드리는 이 예배에 대해 당신께서 인정하시고 받아주신 것에 대해 당신께 감사를 드립니다." 따라서 이 모든 것들은 성찬예배에서 우리가 성인들을 기념하는 것이, 그들을 위해 하느님께 기도하거나 간구하는 것이 아니라 감사드리는 행위임을 증명해준다.

50. 성찬예배에서 성인들에 대한 기념은 몇 번 행해지고 그 기념의 차이는 무엇인가?

1. 그럼 성찬예배에서 얼마나 자주, 그리고 어느 부분에서 성인들에 대한 기념이 행해지는지 살펴보자.

2. 성인들에 대한 기념은 두 번 이루어진다. 첫 번째는 예배의 초반부이고, 두 번째는 선물이 희생될 때이다.

3. 실제로, 선물의 봉헌에는 두 가지가 있다. 하나는 전에 밝힌 것처럼 빵과 포도주를 바친다는 의미로서의 선물의 봉헌이다. 또 다른 하나는 희생물로서의 봉헌이다. 그리고 첫 번째와 두 번째 봉헌 모두에서 성인들에 대한 기념이 행해진다.

4. 첫 번째 봉헌에서 사제는 이렇게 말한다. "하느님이신 우리 주 예수 그리스도를 기념하나이다." 두 번째 봉헌에서는 이렇게 말한다. "우리를 위해 이루신 일들, 곧 그리스도께서 우리를 위해 견디신 십자가와 다른 모든 것들을 기념하나이다." 여기서 십자가와 그리고 십자가 이후의 다른 모든 것들에 대한 기념이 의미하는 것

은 첫 번째 봉헌에서의 주님의 기념 그것이다. 첫 번째 봉헌에서 사제는 구세주를 기적을 행하시는 분으로 기념하지 않고, 십자가에 못 박혀 죽은 자로 기념하고 있기 때문이다. 이 부분에 대해선 이미 많은 논거를 들어가며 앞에서 증명해 보였다(7장).

5. 또한 사제는 첫 번째 봉헌에서 "지극히 거룩하신 동정녀 성모 마리아의 영광과 성인들의 중보로"라고 말하는데, 두 번째 봉헌에서도 이와 유사하게 "모든 성인들을 위하여, 특히 지극히 거룩하신 동정녀 성모 마리아를 위하여"라고 말한다. 성모님을 다른 성인들에 앞서 기념함으로써 지극히 거룩하신 성모 마리아의 우월성을 드러냈던 첫 번째 봉헌처럼, 두 번째 봉헌에서도 성인들 뒤에 기념되는 성모님을 위해 그분 앞에 "특히"라는 용어를 첨언함으로써 그분의 우월성을 강조한다.

6. 사제는 첫 번째 봉헌에서 성인들을 기념한 후에 산 자와 죽은 자 등 자비가 필요한 모두를 기억하고 그들을 위해 간구하듯이, 두 번째 봉헌에서도 그렇게 한다.

7. 하지만 여기에는 차이가 존재한다. 두 번째 봉헌에서는 이 봉헌을 언급하며 "당신께 이 이성적인 예배를 바친다"라고 말하고 있기 때문이다. 그리고 나서 사제는 처음이나 마지막에 구세주의 수난에 대한 기념, 성인들에 대한 기념, 그리고 구원이 필요한 이들에 대한 기념을 하면서 봉헌의 동기를 밝힌다. 반면에 첫 번째 봉

헌에서는 봉헌의 동기만 밝히는데 그 내용은 이러하다. "주님에 대한 기념과 지극히 거룩하신 동정녀 성모 마리아의 영광을 위하여." 그리고 나머지 부분이 계속되는데 그 가운데에는 감사를 드리는 이들에 대한 기념, 그리고 간구를 드리는 이들에 대한 기념도 들어간다. 그런데 사제는 첫 번째 봉헌 때, 어느 것이 선물인지를 왜 행위로써 보여주는가? 그것은 빵에서 한 부분을 떼어내 하느님께 봉헌하면 되기에 그것을 알려주기 위해 굳이 말로써 설명을 더 할 필요 없기 때문이다.

8. 그러나 두 번째 봉헌 때는 사제의 어떤 외적인 행위 없이 봉헌이 이루어지는데 그 봉헌은 눈에 보이지 않게 이루어진다. 사제가 바치는 정해진 기도를 통해 하느님의 은총이 보이지 않는 방식으로 희생 제사를 거행하는 것이다. 따라서 이 봉헌을 선포하고 표현하는 어떤 말이 필요하다.

51. 왜 사제는 희생 제사를 '이성적 예배'라고 부르는가?

1. 사제는 희생 제사를 '이성적 예배', 즉 '영적인 예배'라고 부르는데, 그것은 사제 자신이 어떤 일을 수행하는 것이 아니라 정해진 말을 통해 단지 봉헌만을 하기 때문이다.

2. 첫 번째 봉헌은 사람에 의해 이루어질 수 있는 일이다. 그래서 사제에 의해 가능하며, '행위적 예배'라는 이름을 붙일 수 있다. 하지만 두 번째 봉헌, 즉 희생 제사이기도 한 그리스도의 몸과 피로의 변화는 인간의 능력을 뛰어넘기에 하느님의 은총만이 할 수 있는 일이다. 사제는 여기서 단지 기도를 드릴 뿐이다.

3. 그러므로 봉헌은 희생 제사이자 실제적 행위임에도 불구하고 봉헌 속에서 사제의 역할이라고는 정해진 기도를 읽는 것 외에는 없기에, 사제가 실제적 예배를 바친다고 하지 않고 '이성적 예배'를 바친다고 하는 것은 당연하다 할 수 있다.

52. 왜 이 예배를 '감사의 성사'라고 부르는가?

1. 이것 역시 깊이 살펴볼 가치가 있다.

2. 이 예배는 감사의 뜻과 간구의 뜻 모두를 다 담고 있는데, 왜 두 가지 이름을 다 갖지 않고 '감사의 성사'라고만 부르는가?

3. 그 까닭은 이 이름이 더 중요한 부분에서 기원하기 때문이다. 즉 간구보다 감사의 요인이 훨씬 더 많기 때문이다. 우리는 간청하는 것보다 더 많이 받았기 때문이다. 정말이지, 우리가 받은 것은 청한 것보다 훨씬 더 많다. 우리가 받은 것은 전부이지만, 청한 것은 받은 것의 일부에 불과하다. 하느님께서는 당신께 걸맞게 우리에게 부족함이 없도록 모든 것을 주셨기 때문이다. 물론 '육체의 불멸', '불사', '하늘나라'와 같이 아직 때가 되지 않아 우리가 받지 못한 것들이 있다. 또 어떤 것들은 우리가 받았지만 계속해서 간직하지 못한 것도 있는데, 이를테면 '죄의 사함', 그리고 성사들을 통해 우리가 받는 모든 선물이다. 한편, '안락함', '건강', '부(富)'처럼 하느님으로부터 받았긴 하지만, 우리가 올바르게 사용하지 않아서

결국 잃어버린 것도 있다. 우리가 이 선물들을 사악함과 타락의 용도로 사용했기 때문에 더 악한 상황에 빠지지 않기 위해 결국 이 선물들은 잃게 된 것이다. 욥처럼, 우리가 더 큰 이로움을 얻기 위해, 현세의 물질들에 있어서 우리는 종종 결핍을 겪기도 한다.

4. 이 모든 것을 비추어볼 때 하느님께서는 우리에게 감사의 동기가 되는 모든 것을 베풀어 주셨지, 우리가 무언가를 간구하도록 빈틈을 만들어 놓지 않으셨음이 분명해진다. 하지만 우리는 부주의와 나태로 인해 스스로를 빈곤하게 하기에 간구의 필요를 느끼게 되는 것이다.

5. 그렇다면 우리가 청하는 것은 무엇인가?

6. 죄의 사함인가? 그것은 우리의 노력 없이도 세례성사를 통해 풍성히 받았다. 그렇다면 왜 우리는 다시 그것을 간청하는가? 다시 죄에 대한 책임을 지게 되었기 때문이다. 그러면 그 책임이 누구에게 있는 것인가? 우리 자신이다. 결과적으로 간구의 요인은 바로 우리 자신이다.

7. 하늘나라를 상속받기를 청하는가? 이 상속은 이미 우리에게 주어졌다. 우리는 하늘나라의 중심이신 하느님의 자녀가 되었기 때문이다. 사실 자녀 말고 누가 상속자가 되겠는가? 상속자가 아버지에게서 물려받지 않을 것이 무엇이겠는가? 아무것도 없다. 그

런데 왜 우리는 우리에게 이미 주어졌던 그것을 청하는 것인가? 그 이유는 하느님으로부터 태어나 영예로운 곳으로 들어 올려진 우리가 자녀로서는 해서 안 될 행위를 함으로써 사악한 종이 되었기 때문이다. 그래서 우리는 우리에게 생소하며 우리와 전혀 어울리지 않는 것들을 청원한다. 따라서 이 간구 역시도 우리 자신이 그 원인이 된다.

8. 세속적인 재물에 대해서 주님께서는 이렇게 말씀하셨다. "너희는 먼저 하느님의 나라와 하느님께서 의롭게 여기시는 것을 구하여라. 그러면 이 모든 것도 곁들여 받게 될 것이다."(마태오 6:33, 루가 12:31) 또 "무엇을 먹고 마실까 걱정하지 말라. 하늘의 아버지께서 필요한 것을 주실 것이다."(마태오 6:25-32, 루가 12:22-31 참조) 만약 우리가 이런 것들을 누리지 못한다면 우리의 부주의와 나태, 불신으로 인한 것임을 알아야 한다. 이와 관련한 계명을 지키지 않아서 일어난 일이기 때문이다. 따라서 이 결핍은 우리가 원인이며, 우리는 그 결핍을 채워달라고 하느님께 간구하는 것이다. 아니면 하느님의 자비와 섭리로 인해 욥처럼 우리가 그 결핍을 겪고 있는 것이다. 그때 이 결핍은 하느님의 일이다. 하지만 그것은 영원히 "주의 이름은 찬양되리라."(욥 1:21)라는 욥의 말처럼 간구나 청원의 요인이 아니라 영광과 감사의 동기가 된다.

9. 따라서 하느님께서 우리에게 베풀어 주신 모든 것은 우리가 오직 하느님께 영광과 감사를 드리게 하는 반면에, 우리가 하느님

께 올리는 간구나 청원의 원인은 바로 우리 자신에게 있음을 알 수 있다. 그래서 우리는 하느님과의 대화 속에서 우리가 가지고 있든 아니든 영육과 관련한 모든 것에 대해 하느님께 오직 감사만을 드린다. 그분께서는 우리에게 모든 것을 다 주셔서 더 이상 가지고 계신 것이 없기 때문이다. 사도 바울로는 이 점을 잘 알고 이렇게 외쳤다. "항상 기뻐하십시오, 모든 일에 감사하십시오."(데살로니카전 5:16, 18)

10. 결과적으로 하느님과 우리 사이에서 가장 완전하고 확실한 대화, 곧 친교의 성사는 '감사의 성사'로 불리는 것이 마땅하다. 그것은 우리의 불행 때문에 하느님께 청원하는 관점에서가 아니라 하느님께서 우리에게 베풀어 주신 은혜에 대한 관점에서 그렇게 불려야 한다. 물론 그 은혜는 우리의 가난이 아니라 하느님의 넘치는 선에 기인한다. 이처럼 우리는 친교의 성사에서 이 은혜 또는 저 은혜를 기억하는 것이 아니라 하느님께서 전체적으로 우리에게 주신 모든 선물, 곧 우리가 가지고 있는 것과 앞으로 우리에게 주실 선물을 기억한다.

11. 물론 우리는 이 성스러운 예배에서 하느님께 감사와 청원을 동시에 드린다. 하지만 감사는 이미 말한 것처럼 하느님의 일이고, 간구는 병약한 인간의 일이다. 그리고 감사는 훨씬 더 많은 것을 포함하고 있는 반면에, 간구는 상대적으로 적은 것을 포함한다. 한편 감사는 모든 것에 관련되어 있으나, 간구는 부분적으로

관련되어 있다. 따라서 이 예배의 이름이 더 많은 것을 담고 있는 감사에서 와야 한다는 것은 당연하다. 인간에게도 이와 똑같은 현상이 벌어진다. '이성적 동물'이라고 불리는 인간은 동물적인 본성을 일부분 나눠 갖고 있지만 더 큰 요소를 차지하고 있는 부분으로 인해 '이성적 동물'이라고 불린다.

12. 마지막으로 감사로 불리는 또 다른 가치 있는 이유가 있다. 그것은 우리 주 예수 그리스도께서 성부 아버지께 간구가 아니라 오직 감사를 드리며 이 예배를 제정하시고 우리에게 전해주셨다는 사실이다. 따라서 주님으로부터 이 예배를 감사로써 전해 받은 교회는 자연스럽게 이를 '감사의 성사'라고 명명했다.

53. 성체성혈을 받아 모신 후의 감사 기도와 예배 마침 기도

1. 사제는 하느님께서 베풀어 주신 성체성혈을 받아 모신 모든 교인에게 태만이나 부주의가 아닌 진지한 자세로 하느님께 감사를 드릴 것을 요청한다. "그리스도의 성스럽고 거룩하며 정결하고 영원하고 생명을 베푸는 놀라운 성찬에 참여하였으니 일어서서 마땅히 주님께 감사드립시다."라는 기도가 이를 확인시켜준다. 이것은 편하게 기대거나 앉아 있지 말고 몸과 마음을 하느님께 집중해야 한다는 것을 가리킨다.

2. 이어서 사제는 주님께 올리는 나머지 기도를 교인들과 함께 마친 후 지성소 밖으로 나와 '아름다운 문' 앞에 서서 주님의 백성을 위해 기도를 드린다.

3. 여기서 우리가 또 주목해야 할 점은 이 의식과 이 의식에 대한 감사 이후에 하느님께 바쳐야 할 모든 성스러운 예식이 끝나면 사제는 하느님과의 대화에서 마치 자신이 벗어나는 것처럼, 지극히 높은 곳에서 내려와 사제에게 걸맞게 서서히 사람들과 다시 어

울린다는 것이다. 사제는 이 기도를 드리면서 그것을 보여주는데, 이 기도의 방법과 기도드리는 장소가 그가 높은 곳에서 내려오고 있음을 나타낸다.

4. 이전까지 사제는 지성소 안에서 하느님을 바라보며 홀로 조용히 기도를 했었다. 하지만 지금 그는 지성소에서 나와 회중 가운데로 들어온다. 그리고 모든 이들이 들을 수 있도록 교회와 모든 교인을 위해 기도를 올린다. 그러고 나서 사제는 봉헌된 빵에서 희생제로 사용될 거룩한 부분을 잘라낸 나머지 부분을 여러 조각으로 잘라내어 교인들에게 나눠준다. 교인들은 하느님께 바쳐지고 봉헌됨으로써 축복된 그 빵의 조각을 경건한 마음으로 받으며 사제의 손에 입을 맞춘다. 사제는 조금 전까지 구세주의 지극히 거룩한 몸을 만짐으로써 축성되었기에 사제의 손에 입을 맞추는 그 행위를 통해 사제의 축성이 자신들에게 전해진다고 믿기 때문이다.

5. 그리고 그들은 자신들에게 이러한 축복을 베풀어 주시는 원천, 곧 하느님께 영광을 바친다. 이 영광은 성서에서 따온 것이다. "주의 이름이 이제로부터 영원토록 찬양되시리이다."(욥 1:21 참조) 교인들은 이 영광송을 세 번 부른 후 영광과 감사로 가득 찬 시편을 봉독한다. "나 어떤 일이 있어도 주를 찬양하리라, 주를 찬양하는 노래 그칠 날이 없으리라."(시편 34:1)

6. 빵이 분배되고 시편 봉독이 끝나면 사제는 마지막 기도를 드

린다. 사제가 성소 밖에서 드리는 이 기도는 그곳에 모여있는 모든 회중이 들을 수 있도록 큰 소리로 행해진다. 이것은 사제가 이전보다 지금 훨씬 더 회중들에게 가까이 다가와 그들과 하나로 연합되었음을 보여준다. 그렇다면 이 기도는 어떤 것인가? 그것은 우리가 구원을 얻기 위해 봉헌한 우리 자신의 것이라곤 비록 아무것도 없지만, 우리를 구원하실 수 있는 그분의 자비에 희망을 걸고 그 자비에 힘입어 구원되기를 원하는 내용의 기도이다. 그래서 사제는 이 마지막 순간까지도 우리를 도와줄 수 있는 중보자와 중재자를 기억한다. 특히 지극히 거룩하신 하느님의 어머니 성모 마리아를 기억하는데, 우리가 처음부터 하느님의 자비를 입을 수 있었던 것은 모두 그분의 중보 덕분이었다.

7. 그 기도의 도입부는 이렇다. "우리의 참 하느님 그리스도께서는 …." 그리스도께서는 우리가 한때 공경했던 가짜 신들이나 거짓된 신들이 아닌, 우리가 피땀을 흘린 후에 찾은 분으로서 "참된 우리 하느님"이시다.

8. 그러므로 우리는 모든 영광과 영예와 경배를 시초 없으신 아버지와 지극히 거룩하고 선하시며 생명을 주시는 성령과 더불어 하느님이신 주님께 이제와 항상 또 영원히 바쳐야 한다. 아멘.